Ismael Leandry Vega

Doctor en Jurisprudencia
Del Ilustre Colegio de Abogados de Puerto Rico

Puerto Rico: criadero de narcos, sicarios, agresores y embusteros

Editorial Espacio Creativo
Charleston, SC

ISBN-13: 978-1470110277   *ISBN-10:* 147011027X

Standard Copyright License - Copyright: © Ismael Leandry Vega

Derechos de propiedad: Ismael Leandry Vega

Imagen de portada: © Sergii Figurnyi - Fotolia

Reservados todos los derechos. El contenido de esta obra está protegido por Ley, que establece penas de prisión y/o multas, además de las correspondientes indemnizaciones por daños y perjuicios, para quienes reprodujeren, plagiaren, distribuyeren o comunicaren públicamente, en todo o en parte, una obra literaria, artística fijada en cualquier tipo de soporte o comunicada a través de cualquier medio, sin la preceptiva autorización.

Datos para catalogación:

Ismael Leandry Vega

Puerto Rico: criadero de narcos, sicarios, agresores y embusteros

Editorial Espacio Creativo. 2012. Charleston, SC

- **Adicciones**
- **Corrupción**
- **Criminología**
- **Cultura de engaño**
- **Cultura de violencia**
- **Narcotráfico**
- **Sociología**
- **Violencia**
- **Violencia social**

Tabla de contenido

Agradecimiento..5
Dedicatoria...7
Introducción...9
Referencias...207

Capítulo uno
Criadero de personas violentas

I. Criadero de gente violenta..27
II. Famosa y pasmosa violencia.....................................44

Capítulo dos
Tierra de emigrantes entristecidos

I. Emigrantes entristecidos..53

Capítulo tres
Criadero de narcotraficantes

I. Tierra de narcotraficantes..61
II. Tierra de drogadictos..71

Capítulo cuatro
Productor de enfermos mentales

I. Demasiados enfermos mentales..............................77
II. Desquicio social puertorriqueño..........................82

Capítulo cinco
Criadero de adictos

I. Alcohólicos y ludópatas...109
II. Delincuentes embriagados......................................119

Capítulo seis
Criadero de niños brutos y perturbados

I. Niños brutos y perturbados.....................................127

Capítulo siete
Criadero de pillos y corruptos

I. Pillos y corruptos...151
II. El desmadre policial fomenta el crimen................171

Capítulo ocho
Frases y pensamientos del autor

I. Frases y pensamientos..203

Agradecimiento

Estamos sumamente agradecidos de los innumerables políticos corruptos, cabrones y fuleros que hay en Puerto Rico. Puesto que le han enseñado a la sociedad puertorriqueña que el Gobierno de Puerto Rico no funciona y, sobre todo, que no se puede confiar ni en los políticos electos ni en la inmensa mayoría de los funcionarios públicos que han sido políticamente nombrados.

Dedicatoria

Dedicado a todas y todos los cabrones que, gracias a sus enormes fervores hacia el consumismo y los asuntos faranduleros, han convertido a Puerto Rico en un gran estercolero social. Y especial mención merecen los pistoleros y los borrachones, puesto que han convertido las calles de Puerto Rico en zonas de sangre y muerte.

Introducción

De entrada, tenemos que decir la sociedad civil de Puerto Rico es un organismo podrido que, para consternación de los patrioteros recalcitrantes, está sumergida en una cultura de «deshonestidad y [en] una cultura de violencia.»[i] Y sobre el asunto de la cultura de deshonestidad, valga saber que en este pequeño libro usted verá que Puerto Rico se ha convertido en la capital del truco, puesto que los fraudes y los embustes en los documentos públicos y privados con el fin de obtener beneficios y ayudas son enormes y constantes.

Sobre la cultura de violencia, valga saber que usted verá en el libro que en la sociedad puertorriqueña lo que impera es la ley de la jungla o la ley del revolver. Escribimos eso por motivo de que nuestros conciudadanos utilizan, con exagerada continuidad, violencia física y/o verbal: (1) para resolver muchas de sus situaciones personales; (2) para imponer sus puntos de vista; y (3) para intentar satisfacer sus deseos.

Y cuando decimos que en Puerto Rico es común que se utilice la violencia para intentar satisfacer deseos personales, eso incluye deseos lujuriosos y adictivos. Buena prueba de ello es un estudio que realizó el *Departamento de Salud de Puerto Rico*, puesto que dicho estudio demostró que «seis de cada cien estudiantes puertorriqueños, de noveno a duodécimo grado, han sido forzados alguna vez en sus vidas a sostener una relación sexual sin su consentimiento.»[ii]

Con lo anterior en mente, conviene en este tramo aclarar que lo manifestado no es lo más preocupante con relación a la cultura de violencia que impera en Puerto Rico. Lo más preocupante es que los niños de Puerto Rico, y cada vez desde edades más tempranas, aprenden que la violencia es una buena forma: (1) para ejercer poder sobre otras personas; y (2) para resolver conflictos interpersonales. Por eso es que uno puede ver que en las calles, en las escuelas y en los hogares puertorriqueños son constantes los incidentes violentos que son ejecutados por menores de edad.

Sin contar que también uno puede ver y escuchar que muchos de esos violentos niños, al preguntárseles sobre las razones de sus violentas conductas, contestan que ejecutaron sus violentos actos «porque entienden que así es la vida, que no hay otra forma de enfrentar la existencia si no es con gritos, con golpes, con castigos, con sadismo, con la fuerza bruta del más fuerte que se impone ante el más débil.»[iii]

En fin, por eso es que usted verá en varias páginas de este libro que cientos de miles de puertorriqueños que han llegado a la adultez, como nos dice la *Dra. Dora Nevares* —una afamada criminóloga que es profesora en la Facultad de Derecho de la Universidad Interamericana de Puerto Rico—, están «adiestrando a los jóvenes a ser violentos.»[iv]

Por otro lado, valga saber que a través de este pequeño libro usted también podrá observar que en Puerto Rico hay una fuerte cultura criminal, al punto de que cientos de miles de boricuas se pasan cometiendo transgresiones penales y/o administrativas de manera continua. Por eso es que a través del libro verán que «hace tiempo que Puerto Rico dejó de ser un país de ley y orden.»[v]

Y como adelanto de ese tema, podemos decir que las innumerables violaciones al *Código de Rentas Internas de Puerto Rico* son demostrativas de lo acabado de decir. Decimos eso por motivo de que ese código establece, en lo pertinente, que toda persona que trabaje y gane cierta cantidad de dinero al año tiene la obligación de rendir una planilla de contribución sobre ingresos. Sin embargo, se sabe que poco más de «220,000 personas que trabajan en el País no radican planillas.»[vi]

Otro ejemplo que demuestra que Puerto Rico es la isla del pillaje y de la charlatanería proviene desde el municipio de Lares. Allí, para el año 2011, unas trecientas cuarenta personas trabajaban para el Gobierno de Lares. Pues bien, durante una fría madrugada de dicho año, agentes del *Buró Federal de Investigación* (FBI, según sus siglas en inglés) arrestaron al veintitrés por ciento de la fuerza laboral de dicho gobierno municipal, es decir, a setenta empleados municipales.

Valga saber que los arrestados, que al momento de ser nombrados como empleados públicos juraron cumplir con las leyes de Puerto Rico y de los Estados Unidos de América, fueron criminalmente procesados por razón de que cometieron actos fraudulentos en contra de una compañía aseguradora.[vii]

Por otro lado, otro asunto que se discutirá en el libro es el hecho de que el sistema de justicia criminal puertorriqueño, por culpa de su enorme incompetencia y de sus erradas políticas públicas, fomenta que muchas personas decidan incurrir en actuaciones delictivas. Decimos eso por razón de que las agencias de ley y orden, para beneficio de los criminales, no pueden esclarecer la mayoría de los delitos que se reportan.

Sin contar que hay ciertas actuaciones delictivas, como las que están relacionadas con la criminalidad organizada y con la criminalidad política, que prácticamente no se pueden atacar adecuadamente. Por eso es que en Puerto Rico hay un elevadísimo «sentido de impunidad» que invita a las personas:

(1) a cometer fechorías; y
(2) a utilizar la ley de la jungla para resolver sus problemas y diferencias.[viii]

Por cierto, hay que apuntar que el elevadísimo sentido de impunidad que abunda en Puerto Rico ha llevado a muchos de nuestros profesionales, entre otras razones, a ver el crimen como una buena forma de conseguir un dinerito extra.

Decimos eso por razón de que usted podrá ver en varias páginas de este libro que en la isla hay un montón de profesionales y comerciantes que, por sorprendente que parezca, «invierten como prestamistas en el financiamiento de los cargamentos que inundan de drogas [ilegales] las calles del País.»[ix]

Debe notarse que manifestamos que las agencias de ley y orden de Puerto Rico no pueden ni saben combatir adecuadamente las distintas manifestaciones de la criminalidad organizada. Pues bien, valga saber que a través del libro verá que está demostrado que el *Departamento de Justicia de Puerto Rico* y la *Policía de Puerto Rico*, que son las agencias estatales de justicia criminal más importantes del país, no tienen ni «la organización, ni el aparato burocrático ni el personal técnico para combatir eficazmente el crimen organizado.»[x]

Dicho eso, debe notarse que líneas arriba escribimos que muchas de las políticas gubernamentales relacionadas con la criminalidad llevan a muchas personas a cometer actuaciones delictivas. Pues bien, valga saber que a través del libro verá que el enfoque punitivo-policial que utilizan las agencias de ley y orden para reaccionar ante las distintas manifestaciones del crimen lleva a muchos enfermos mentales, como son las personas que están dominadas por el uso de algunas drogas, a incurrir en actuaciones delictivas.

Conviene en este tramo mencionar que a través del libro no sólo verá que el enfoque punitivo-policial no funciona para reaccionar adecuadamente ante las distintas manifestaciones de la criminalidad, también verá que ese enfoque embrutece enormemente a los empleados que trabajan en las agencias de ley y orden.

Decimos eso porque está demostrado que el enfoque punitivo-policial, que se cultiva desde que los agentes del orden público están en las academias policiales, «obstaculiza las posibilidades de comprensión de los fenómenos sociales y psicológicos vinculados bajo el signo de lo criminal.»[xi]

Resulta apropiado, aquí, mencionar que en el libro también podrá ver que el inefectivo enfoque punitivo-policial ocasiona que muchos de los criminales que son encarcelados, una vez logran salir de las cárceles, vengan obligados a seguir delinquiendo y, posteriormente, vuelvan a ser reingresados a las cárceles de donde salieron. ¿Sabe por qué ocurre eso? Porque son discriminados y, sobre todo, porque no pueden conseguir buenos empleos.

Por eso es que el sistema de justicia criminal de Puerto Rico es, para consternación de los que apoyan el enfoque punitivo, el peor sistema de justicia criminal en los Estados Unidos de América. Decimos eso porque varios análisis han revelado que el sistema de justicia criminal puertorriqueño tiene «el mayor número de reincidentes y de confinados que cumplen su sentencia, delinquen y vuelven a las cárceles.»[xii]

Por otro lado, debe saberse que en este libro también vamos a discutir un asunto sumamente perturbador, a saber, que el sistema educativo puertorriqueño se ha convertido: (1) en una fábrica de desertores; (2) en una factoría de brutos; y (3) en una factoría de personas culeras, superficiales e impresionables.

Sobre el asunto de la deserción escolar, conviene mencionar que usted podrá ver a través del libro que el sistema educativo puertorriqueño es aborrecido por miles de estudiantes, al punto de que gran cantidad de nuestros niños lo abandonan y lo critican. Y dicho abandonamiento es tan sorprendente que, para consternación de todos, «la tasa de deserción escolar en la isla ronda el cuarenta por ciento.»[xiii]

Pero lo más revelador sobre el aborrecimiento escolar que muestran muchísimos de los estudiantes que estudian en el sistema público escolar, es el hecho de que dicho aborrecimiento ocurre cada vez a edades más tempranas. Por eso es que varios estudios han demostrado que «el 50% de los estudiantes que dejan la escuela, lo hacen en nivel intermedio.»[xiv]

Dicho eso, no está de más plasmar en esta parte introductoria que muchos maestros tienen la culpa: (1) de que el sistema educativo sea aburrido para muchos estudiantes;(2) de que muchos de nuestros estudiantes decidan abandonar la escuela; (3) de que muchos desertores abracen comportamientos criminales; y (4) de que muchos desertores se conviertan en unos mantenidos gubernamentales.

¿Y por qué hay maestros que tienen algo de responsabilidad por lo señalado? Por motivo de que a muchos maestros, en especial los que llevan muchos años en el sistema público, no les importan un carajo las recomendaciones que les brindan sus propios estudiantes en aras de que sus técnicas de enseñanza sean mejores y más atrayentes.

Y entre las recomendaciones que muchos maestros se pasan por sus nalgas, está la que establece que deben utilizar «mecanismos educativos que se aparten, hasta cierto punto, de los convencionales.»[xv] Así, por ejemplo, los estudiantes les piden a los maestros que utilicen computadoras, proyectores, películas, documentales y ciertos programas computarizados al brindar algunas de sus clases.

Si analizamos las peticiones tecnológicas de los estudiantes, tenemos que decir que ellos tienen toda la razón. Se supone que el sistema educativo y las técnicas de enseñanzas estén acordes a los tiempos, de manera que los estudiantes mantengan el interés dentro de los salones de clase. No se puede esperar que los jóvenes de estos tiempos, que se han criado alrededor de un sinnúmero de artefactos tecnológicos, estén interesados en estar recibiendo todos los días del año informaciones por medio de metodologías que estén alejadas de sus tecnológicos tiempos.

Con lo anterior en mente, conviene mencionar que también vamos a discutir el asunto de las deserciones universitarias y cómo dichas deserciones llevan a muchos adultos jóvenes a entrar en el mundo del mantengo y de la criminalidad. Dicho eso, entendemos que no está de más mencionar en esta parte introductoria que la deserción universitaria es tan elevada en Puerto Rico que, para detrimento de la sociedad, cerca del sesenta y cinco por ciento «del estudiantado universitario no se llega a graduar.»[xvi]

Manifestado lo anterior, nos imaginamos que usted se estará preguntando por qué la tasa de deserción universitaria es tan elevada. Son varias las razones para ello, pero una de gran peso es la que establece que nuestros estudiantes universitarios se percatan, particularmente durante sus primeros años universitarios, que en Puerto Rico «el medio hacia el éxito es ajeno a la educación.»[xvii] Es decir, los universitarios se percatan que las personas que cuentan con conexiones políticas y sociales tienen más chances de obtener buenos trabajos y de alcanzar el éxito que las personas que, a través de trabajos duros y sufrimientos, han conseguido obtener una sólida educación universitaria.

Y téngase en cuenta que ésa no es la única tragedia social que los universitarios de Puerto Rico aprenden durante sus primeros años universitarios. También aprenden que la inmensa mayoría de ellos están estudiando para nada, es decir, para meramente obtener un diploma que no les servirá y para enriquecer a los administradores de las instituciones de educación superior.

Decimos eso porque los universitarios puertorriqueños también se enteran sobre el hecho de que una vez culminen sus estudios: (1) muchos de ellos entrarán a las filas del desempleo; (2) muchos de ellos tendrán que conformarse con conseguir empleos chatarra; y (3) muchos de ellos estarán en las filas del desempleo por muchísimo tiempo.

Y téngase en cuenta que las decepciones manifestadas no son las únicas que aprenden nuestros jóvenes una vez entran al mundo universitario. Decimos eso porque otra gran decepción que aprenden los universitarios, que también ocasiona que muchos de ellos abandonen sus estudios, es el hecho de que Puerto Rico es un país tercer mundista que está en el fondo del mundo empresarial y tecnológico. Lo que ocasiona: (1) que existan pocas empresas tecnológica y/o científicamente importantes en la isla; y (2) que se generen pocos empleos buenos que estén relacionados con las ciencia y la tecnología.

Sin contar que esa situación también ha ocasionado que la isla se haya convertido: (1) en un estercolero laboral; y (2) en un lugar en donde «faltan buenos trabajos para atraer a la gente»[xviii] altamente entrenada y especializada que esté envuelta en el mundo de las ciencias y la tecnología.

Por otro lado, jamás debe olvidarse que Puerto Rico es: (1) un país tercer mundista; y (2) un país pobre.[xix] Y la pobreza es tan elevada que, para sorpresa de los patrioteros, Puerto Rico es uno de los países Latinoamericanos que tiene la mayor brecha entre ricos y pobres. Sin contar que varios análisis han reflejado que la clase media puertorriqueña es casi inexistente.

Dicho eso, valga saber que en este libro también vamos a discutir un asunto bien lamentable, a saber, que los elevados niveles de pobreza en Puerto Rico, al igual que los elevados índices de desempleo:

> (1) obligan a muchas personas decentes y educadas a emigrar hacia los Estados Unidos de América;

> (2) causan que muchas personas, por pura necesidad, se conviertan en criminales; y

> (3) ocasionan que muchos progenitores, pensando en el mejor bienestar de sus hijos, envíen a sus hijos a estudiar a los Estados Unidos de América con el fin de que una vez culminados sus estudios traten de permanecer en dicho país.

Se debe tener en cuenta que vamos a discutir los asuntos arriba mencionados con bastante profundidad en varias páginas de este libro. Pero como adelanto de esos asuntos, no está de más recordar que las emigraciones de los boricuas están ocasionando un rápido envejecimiento poblacional y un rápido embrutecimiento poblacional.

Decimos eso por razón de que muchas de las personas que se están yendo hacia los Estados Unidos de América, para consternación de las futuras generaciones, son jóvenes inteligentes que: (1) tienen un elevado potencial de ser buenos ciudadanos; y (2) tienen un fuerte deseo de contribuir con bienestar social y con el desarrollo del conocimiento.[xx]

Y eso trae una gravísima consecuencia, a saber, que se estén quedando en Puerto Rico: (1) personas viejas; (2) personas con bajos niveles educativos; (3) muchas personas intelectualmente inferiores; y (4) muchas personas que han abrazado estilos de vida consumistas, banales y/o criminales.

Por eso no es extraño ver que muchos de los boricuas que han decidido quedarse en Puerto Rico: (1) han cubierto a la sociedad «con el fango de la corrupción, la mentira y la mediocridad»; (2) han cubierto a la sociedad con el légamo de la banalidad; y (3) han colocado su inteligencia «al servicio de caprichos fastuosos.»[xxi]

En torno al punto número uno señalado, no está de más recordar que el fango de la mediocridad ha enfangado tanto a la sociedad borincana que, para consternación de los estudiosos, la mayoría de los boricuas son mediocres hasta para votar durante las procesos eleccionarios. Decimos eso porque uno puede ver que «los electores recompensan el fracaso, la mediocridad y el vicioso círculo de las insuficiencias y de las deficiencias.»[xxii]

Dicho eso, no está de más recordar que las emigraciones puertorriqueñas hacia distintos países, ya sea que estén motivadas por razones económicas y/o por razones relacionadas con la violencia psicosocial, han ocasionado un asunto sumamente raro y único en la demografía puertorriqueña, a saber, actualmente hay más puertorriqueños viviendo fuera «que en la propia isla.»[xxiii]

Y lo mejor que demuestra ese dato, es lo que está ocurriendo en los Estados Unidos de América. Puesto que hoy en día hay más boricuas «en Estados Unidos de América –alrededor de 4,2 millones- que en su propia tierra natal, donde la curva demográfica está en baja y el total de habitantes es de apenas 3,7 millones.»[xxiv]

Por otro lado, debe saber que también vamos a hablar sobre el hecho de que la sociedad puertorriqueña, ya sea por razones biológicas y/o por razones psicosociales, se ha convertido en una fábrica de enfermos mentales. Decimos eso por razón de que son varias las referencias que nos indican que poco más del veinticinco por ciento de los habitantes de Puerto Rico sufren de alguna condición mental, mientras que otro 25 por ciento «tiene problemas psiquiátricos severos.»[xxv]

Dicho eso, le preguntamos lo siguiente: ¿sabe cuál es otra buena evidencia que demuestra que en Puerto Rico hay una gran crisis de salud mental? La enorme cantidad de deambulantes que, por sufrir de distintas condiciones mentales —aunque también hay muchas personas mentalmente sanas que están deambulando por razón de que se quedaron sin nada—, andan deambulando por nuestras sucias y violentas calles. Y decimos enorme cantidad por razón de que «los estimados más conservadores apuntan a que en la isla hay poco más de treinta mil personas deambulando por las calles del país.»[xxvi]

Dicho eso, entendemos que no podemos pasar por alto en esta parte introductoria un dato sumamente revelador, a saber, que muchos de los boricuas que han emigrado hacia otras partes del mundo han desarrollado condiciones mentales, mientras que hay muchos otros que se fueron de la isla padeciendo de condiciones mentales.

Valga saber que la mejor evidencia que comprueba ese lamentable dato, es el hecho de que hay múltiples referencias que nos informan que en el estado de Nueva York, en los Estados Unidos de América, la comunidad puertorriqueña se distingue por ser «la que más problemas de salud mental padece.»[xxvii]

Debe notarse que manifestamos que, ya sea por razones biológicas o por razones psicosociales, la sociedad puertorriqueña se distingue por ser creadora de enfermos mentales. Pues bien, valga saber que mencionamos dichas razones por motivo de que «la aparición de las enfermedades mentales dependen de factores genéticos, biológicos, sociales y ambientales. La pobreza, la falta de cariño de los padres hacia sus hijos en la infancia o los conflictos armados son algunos de estos.»[xxviii] Y en Puerto

Rico, por más que se quiera esconder, abundan muchísimos de esos factores.

Por último, concluimos esta parte introductoria diciendo que al leerse la totalidad de este pequeño libro, estamos bien seguros de que usted notará que «la descomposición del tejido social en Puerto Rico es crónica, persistente y catastrófica.»[xxix] También estamos seguros de que usted concluirá, al igual que lo hemos hecho nosotros, que la isla de Puerto Rico se ha convertido en una fábrica de cabrones, ladrones, locos y narcotraficantes.

Ahora bien, estamos seguros de que habrá mucha gente que dirá que hemos exagerado. También estarán, particularmente los patrioteros, que dirán que no somos demasiado boricuas por razón de haber criticado duramente a la consumista sociedad puertorriqueña. Sin contar que habrá imbéciles que, a pesar de las múltiples referencias que plasmaremos, negarán todo o casi todo lo que hemos dicho.

A todas esas personas les decimos que lo que vamos a manifestar en estas páginas no se puede negar. También les decimos que tengan cuidado con la negación, puesto que está demostrado que «la negación por la negación no conduce a nada, sólo a engañarnos a nosotros mismos.»[xxx]

Además de eso, les decimos a los que piensan que Puerto Rico no es un país tan violento: (1) que tengan mucho cuidado; y (2) que se quiten las vendas de sus ojos. Puesto que dichas auto-infligidas cegueras les pueden ocasionar que sean víctimas, el día menos pensado, de la enorme violencia que arropa a la isla.[xxxi]

Capítulo uno
Criadero de personas violentas

I. Criadero de gente violenta

Si usted analiza con gran profundidad a la sociedad puertorriqueña, tanto a la que está en Puerto Rico como a la que está en los Estados Unidos continentales, usted notará que la inmensa mayoría de los puertorriqueños: (1) adoran la violencia; y (2) se divierten muchísimo con la violencia. Por eso no es nada extraño ver que varios análisis han indicado que los boricuas se divierten tanto con la violencia que, notoriamente, los videojuegos que más se venden y los eventos deportivos que más se compran a través de televisión por cable son los que involucran violencia sangrienta.[xxxii]

Otra cuestión lamentable sobre los boricuas y la violencia, es que el puertorriqueño promedio glorifica la violencia sobre muchas otras cosas.[xxxiii] Por eso es que uno puede ver que el puertorriqueño promedio, que es bastante superficial en el pensamiento, respeta y admira más a los campeones mundiales del boxeo que a los intelectuales que han ganado premiaciones relacionadas con el mundo intelectual.

Pero eso no es lo más trágico de la glorificación de la violencia por parte de los boricuas, puesto que lo más trágico es que la mayoría de los progenitores que viven en Puerto Rico crían a sus descendientes para que sean violentos, engañosos y superficiales. Y dichas crianzas para la violencia no sólo ocurren de maneras explícitas, también ocurren de maneras tácitas.

Un buen ejemplo sobre las metodologías tácitas que utilizan muchos boricuas para enseñarles a sus hijos(as) a ser violentos(as), guarda relación con los incidentes violentos que se suscitan dentro de las relaciones de pareja. Nos explicamos.

Es de conocimiento mundial que en Puerto Rico se cometen un montón de actos de maltrato dentro de las relaciones de pareja. De hecho, según estimados del corrupto y deficiente *Gobierno de Puerto Rico*, todos los años se reportan oficialmente poco más de «20,000» casos de violencia en las relaciones de parejas.[xxxiv] También es de conocimiento que muchos de esos actos violentos ocurren en presencia de menores de edad.

Pues bien, cuando los pequeñines observan y/o escuchan esos actos violentos lo que hacen es, indudablemente, aprendiendo que la utilización de la violencia para llevar a una persona a realizar lo que ellos deseen es una acción adecuada. Sin contar que también aprenden que las diferencias de criterios se resuelven a través de gritos, patadas, insultos, humillaciones y puñetazos. Por eso no es nada extraño ver a muchos de esos pequeñines, una vez llegan a la adolescencia y a la adultez, ejecutando acciones violentas en contra de amigas(os), novias(os), esposas(os) y compañeras(os) de trabajo.

Pero esa no es la única metodología tácita que utilizan muchísimos boricuas para formar a sus hijos(as) con personalidades violentas. Puesto que los(as) niños(as) que son física y verbalmente maltratados(as) por sus progenitores, que en Puerto Rico son miles, también aprenden por medio de los maltratos que reciben que es adecuado utilizar violencia física y/o psicológica en contra de las personas que han cometido errores y/o que han cometido violaciones a las reglas. Por eso no es extraño ver que muchos de esos(as) niños(as), al llegar a la adultez, incurren en actos maltratantes: (1) en contra de sus propios familiares; y (2) en contra de otros seres humanos.

Antes de continuar, es necesario realizar un pequeño paréntesis para decir que las posibilidades de que los boricuas fabriquen personas violentas a través de metodologías tácitas son bien elevadas.

Decimos eso por razón de que los actos maltratantes en contra de menores de edad, que se convierten en pequeñas escuelitas de violencia, llegan a miles todos los años. De hecho, según datos oficialistas del *Gobierno de Puerto Rico*, poco más de «45,000» menores de edad son maltratados por sus encargados todos los años.[xxxv]

Pero esa cifra es, meramente, una que es oficialista y que está bien alejada de la realidad. ¿Y cuál es la realidad borincana con relación al asunto de los maltratos de menores? La realidad es que esa cifra debe ser multiplicada por siete, de manera que se pueda contabilizar la cifra oscura del maltrato de menores. Y al hacerse eso veremos que cientos de miles de menores de edad aprenden, en carne propia y a manos de sus propios familiares, que es adecuado maltratar a otras personas: (1) con el fin de que esas personas hagan lo que ellos deseen; y (2) con el fin de que las maltratadas personas piensen lo que ellos —los maltratantes— deseen.

Igual asunto ocurre con los incidentes de violencia que se suscitan en las relaciones de pareja. Aunque en Puerto Rico se reportan oficialmente cerca de veinte mil casos todos los años, la realidad es que esa cifra también debe multiplicarse, por lo menos, por siete. Y al hacerse eso veremos que miles de niños aprenden por medio de dichas violentas actuaciones, que también se convierten en pequeñas escuelitas de violencia, que la violencia es buena para solventar situaciones familiares e interpersonales.

Valga saber que esto que estamos diciendo, que demuestra que Puerto Rico es una fábrica de gente violenta, no es nada nuevo dentro de las doctrinas psicológicas. Debe recordarse que muchísimos investigadores sociales a nivel mundial llevan décadas diciendo que si los menores son víctimas y/o testigos constantes de actos de violencia doméstica, y entiéndase que el término violencia doméstica incluye actos maltratantes en contra de niños, ancianos y parejas, van a llevar «consigo por toda la vida las huellas y los patrones de la violencia aprendida.»[xxxvi]

Ahora bien, las escuelitas de violencia no sólo se dan en los hogares de los menores de edad. Puesto que en Puerto Rico, al igual que en otras partes del mundo, la conducta violenta se aprende «en la escuela», por medio de las violentas programaciones que se transmiten a través de «los medios de comunicación» y, sobre todo, a través de la interacción con los pares.[xxxvii]

Sin contar que nuestros niños también aprenden a manos de muchos de los incompetentes políticos puertorriqueños: (1) que se puede y debe utilizar violencia; (2) que se pueden utilizar engaños y trucos para obtener lo que se desee; y (3) que se deben insultar, públicamente, a las personas que tengan puntos de vista distintos.

Decimos eso por razón de que los niños puertorriqueños pueden ver y escuchar a cada rato las formas y maneras en las que muchos de los políticos puertorriqueños, apartándose de los deseos de los votantes, se enfrascan en discusiones humillantes y bajunas en distintos escenarios públicos.

Con eso en mente, no podemos pasar desapercibido que la *Legislatura de Puerto Rico* también se ha convertido en una escuelita de violencia. Decimos eso por razón de que nuestros menores de edad pueden ver a cada rato las formas y maneras en las que sus legisladores se tratan a nivel de betún. Así, por ejemplo, los niños ven que las griterías, los insultos y los mensajes irrespetuosos —que muchas veces se escriben en cartelones a la vista de los medios noticiosos— son acciones frecuentes durante las sesiones legislativas.[xxxviii]

Por otro lado, debe notarse que manifestamos líneas arriba que nuestros niños aprenden a ser violentos por medio de familiares, amigos y, sobre todo, por medio de lo que ven en los medios de comunicación. Pues bien, ahora tenemos que manifestar un asunto que nos preocupa muchísimo, a saber, que la abominable cultura de violencia que impera en Puerto Rico ocasiona que a los varones puertorriqueños, más que a las féminas, se les enseñe y exija ser violentos, duros y emocionalmente fríos.

Lo que es, por decir lo menos, una atrocidad de enormes proporciones. Decimos eso por razón de que está demostrado que si uno quiere minimizar el machismo dentro de una sociedad es imperativo, entre otras enseñanzas, que los varones aprendan desde temprana edad: (1) que las mujeres no nacieron meramente para ser sirvientas, amas de casas y/o complacedoras de hombres; (2) que los varones pueden y deben mostrar sus sentimientos en público; y (3) que realizar quehaceres domésticos, como planchar, cocinar y fregar, no tiene nada de femenino.[xxxix]

Ahora bien, es importante realizar una aclaración. Aunque en Puerto Rico se les enseña a los varones a ser fríos, violentos y machistas, la realidad es que esa idiotez es típica en los países en donde hay una fuerte cultura de violencia y machismo. De hecho, está demostrado que en los países en donde hay una cultura de violencia —como por ejemplo, en *México* y en *El Salvador*—, es típico que a los niños se les enseñe que el varón perfecto es «duro, fuerte, agresivo, dominador, que no demuestra sus sentimientos y hace pocos gestos de cariño.»[xl]

Llegados a este punto de la discusión, es forzoso manifestar que los niños puertorriqueños están siendo —y serán— tan socializados para amar la violencia que, para consternación de las futuras generaciones, en Puerto Rico siempre existirá «una cultura de violencia.»[xli]

Dicho eso, cabe preguntar ¿cuál es la consecuencia de que Puerto Rico sea una fábrica de gente violenta? Es obvio que la mayor consecuencia es que hay manifestaciones violentas en todos los niveles sociales. Por eso es que uno puede ver que desde agentes policiales hasta médicos especializados, las ejecuciones de actos violentos en Puerto Rico son endémicos y sistemáticos por parte de todos los componentes de la sociedad.

Y cuando decimos que hay violencia por parte de todos los componentes de la sociedad, eso incluye acciones violentas por parte de políticos y por parte del *Gobierno de Puerto Rico*. Decimos eso porque desde hace varios años los habitantes de Puerto Rico han visto y sentido: (1) que los gobiernos que han tenido, disfrazados «con un barnicito democrático», han sido *cuasi* totalitarios; (2) que «el abuso de poder es la orden del día en todas las instancias»; (3) que «se legisla para legalizar el atropello»; y (4) que «se impone la ley y se aplasta la disidencia con la fuerza bruta…».[xlii]

De hecho, esto que estamos discutiendo nos ha hecho recordar lo que ocurrió con un importante político llamado *Marcos Rodríguez Ema*. ¿Saben por qué? Porque dicho político, que además de tener una personalidad despreciable se formó en el violento estercolero social puertorriqueño, ocupaba la posición de Secretario de la Gobernación.

Y mientras ocupaba dicha importante posición, llegó a manifestar públicamente «que los estudiantes de la *Universidad de Puerto Rico* debieron ser sacados a patadas de la institución, durante la huelga que se desarrolló en contra de un aumento en el costo de la matrícula.»[xliii]

Nótese que indicamos que la fabricación de gente violenta, y en especial el amor hacia la violencia y la agresividad, ha ocasionado que nuestros cuerpos policiales se distingan por su marcada violencia.[xliv] Pues bien, dijimos eso por razón de que los agentes policiales que trabajan en Puerto Rico salen de ese violento estercolero social.

Por lo que no es extraño que muchos de los ciudadanos que han aceptado trabajar como agentes policiales, para perjuicio de la ciudadanía, manifiesten conductas violentas durante sus turnos de trabajo. Recordemos que los agentes policiales, desde que eran pequeños niños, aprendieron que la violencia y la agresividad son conductas adecuadas para solventar un sinnúmero de situaciones. Sin contar que en la subcultura policial, lamentablemente, también se les enseña a los agentes que la violencia y la agresividad son mecanismos adecuados para realizar el trabajo policial.

Pero esto que estamos discutiendo conlleva más profundización intelectual, y al hacer eso uno se puede percatar que muchos agentes policiales de Puerto Rico, por haber sido socializados desde pequeños para amar la violencia y la agresividad, al ser tan violentos y agresivos incurren en actuaciones que violentan *Derechos Constitucionales* y *Derechos Humanos*. En otras palabras, la fabricación de gente violenta en Puerto Rico es la causa principal por la cual muchos policías puertorriqueños se pasan pisoteando y menospreciando derechos.[xlv]

Y téngase en cuenta que cuando indicamos que muchos agentes policiales de Puerto Rico adoran violentar derechos civiles por medio de actos violentos, nos referimos a que hay miles. De hecho, el amor hacia la violencia y la agresividad por parte de los policías de Puerto Rico es tan impresionante que, para consternación de los abogados, la *Policía de Puerto Rico* es uno de los cuerpos policiales más violentos y violadores de derechos civiles en los Estados Unidos de América.

Decimos eso por razón de que un estudio que realizó el *Departamento de Justicia de los Estados Unidos de América* demostró, durante el año 2011, que miles de agentes que trabajan para dicho cuerpo policial: (1) adoran utilizar fuerza excesiva en contra de manifestantes pacíficos; (2) adoran utilizar violencia para ejecutar registros y allanamientos ilegales e irrazonables; (3) adoran macanear, patear y lanzarles gases lacrimógenos a los manifestantes pacíficos; y (4) son extremadamente brutos, al punto de que no entienden ni las importancias ni los alcances de los derechos civiles.[xlvi]

Esto que estamos discutiendo se pone más horripilante todavía, puesto que la Policía de Puerto Rico tiene una unidad llamada *Unidad de Operaciones Tácticas*. Y dicha unidad, como saben las personas que han sido macaneadas y pisoteadas, opera como un cuerpo policial dentro de una dictadura.

Expresamos eso por razón de que esa unidad policial, desde hace varias décadas, es utilizada por los gobernantes de turno: (1) para imponer, a fuerza de macanazos, gases, puños y patadas, sus voluntades; (2) para acallar, a fuerza de macanazos y patadas, a las personas que protestan pacíficamente en contra del Gobierno; y (3) para fabricarles casos criminales a los protestantes más vociferantes.[xlvii]

Como hemos visto, Puerto Rico es: (1) una fábrica de gente violenta; y (2) un lugar en donde antes de hablar, negociar y/o mediar, se recurre a la violencia para resolver situaciones. Por eso es que toda persona de inteligencia promedio que analice lo que está ocurriendo en Puerto Rico, llegará a la conclusión de que lo que impera dentro de la sociedad puertorriqueña es, lamentablemente, la ley de la jungla y la ley del revolver.[xlviii]

Por otro lado, no se puede pasar por alto que la sociedad puertorriqueña también produce personas que, por necesidad, han tenido que convertirse en seres violentos. Nos explicamos.

Como todo el mundo sabe, Puerto Rico es un país tan pobre que, por más que lo quieran negar los patrioteros, es la jurisdicción más pobre dentro de los Estados Unidos de América.

Decimos eso por razón de que varios análisis han reflejado: (1) que «el ingreso per cápita en Puerto Rico es menos de la mitad del que tiene el estado más pobre de Estados Unidos de América, Mississippi»;[xlix] y (2) que Puerto Rico es, dentro de los Estados Unidos de América, la jurisdicción que tiene la mayor cantidad de niños y mujeres viviendo bajo el yugo de la pobreza.[1]

Y para hacer las cosas peor, Puerto Rico también es un pequeño país caribeño que se distingue: (1) por proveerles pocas oportunidades de empleos decentes a sus ciudadanos; (2) por tener una gran escasez de empleos que le paguen adecuadamente a los trabajadores; (3) por no proveerles buenas oportunidades de empleo a las personas que están altamente cualificadas; y (4) por no crear empleos suficientes y adecuados que estén relacionados con las ciencias y la tecnología. Por eso no es extraño conocer que Puerto Rico tiene una economía que lleva, según un estudio del prestigioso *Brookings Institution*, poco más de «30 años estancada.»[li]

Tampoco le debe causar sorpresa a nadie que las pocas oportunidades de empleo y la enorme cantidad de empleos chatarras que abundan en Puerto Rico haya ocasionado: (1) que el *Gobierno de los Estados Unidos de América* tenga que enviar, en aras de que la gente no se muera de hambre ni deambule por las calles, cientos de millones de dólares en ayudas sociales destinadas a comida y vivienda; y (2) que poco más 1,200,000 personas tengan que depender de ayudas gubernamentales, como son los cupones de alimentos y las ayudas para viviendas, para poder cubrir sus necesidades básicas.[lii]

Pues bien, valga saber que todo ese estercolero económico que abunda en Puerto Rico ocasiona que muchas personas tengan que conseguir empleos dentro de la industria más lucrativa en Puerto Rico, a saber, el narcotráfico. Ahora bien, el simple hecho de vender drogas ilegales no convierte a la gente en personas violentas. Lo que convierte a los trabajadores del narcotráfico en seres bien violentos es, indudablemente, la ambición de querer ser jefes de gangas y/o el deseo de querer convertirse en gente notable dentro de ese lucrativo y peligroso mundo.

Decimos eso por razón de que dichas posiciones únicamente se consiguen de una forma, a saber, sacando a fuerza de disparos a los que ocupan dichas posiciones. Por eso no es extraño ver que muchas de las personas pobres que ingresan a la industria del narcotráfico por pura necesidad, con el pasar del tiempo, deseen seguir creciendo y tomen la decisión de matar a diestra y siniestra a competidores, socios y jefes de grupos criminales.

Sin contar que están los que, después de ingresar al mundo del narcotráfico y experimentar en carne propia la rudeza y frialdad de dicho negocio, se transforman en unos viles lunáticos que deciden convertirse en sicarios en aras de ganar enormes sumas de dinero haciendo una sola acción, a saber, matar e intimidar a instancias de sus jefes.

En fin, lo que hemos querido decir es que la enorme pobreza y la pésima economía que hay en Puerto Rico empujan a muchísimas personas pobres a convertirse en narcotraficantes violentos y peligrosos. Por ende, siempre debe entenderse que la inmensa mayoría de las personas que buscan trabajo en las organizaciones criminales lo hacen por pura necesidad económica.

Ahora bien, no podemos pasar por alto que en Puerto Rico siempre ha habido un pequeño grupo de personas que, desde temprana edad y por ignorancias de la vida, desean ser narcotraficantes y, con el pasar del tiempo, entran al negocio de la droga. Así, por ejemplo, en Puerto Rico uno siempre va a encontrar jovencitos que, a pesar de que tienen sus necesidades básicas cubiertas, el ambiente en el que se crían y el consumismo les lleva a asociar el narcotráfico con prendas, mujeres, carros lujosos y «buena vida.» Por lo que no es extraño que con el pasar del tiempo, para consternación de sus familiares, «se conviertan en [vendedores de drogas y/o en] gatilleros para acercarse a ese estilo de vida.»[liii]

Por último, antes de cerrar está sección entendemos que debemos aclarar y ampliar varios asuntos que discutimos antes. Debe notarse que dijimos líneas arriba que el *Gobierno de los Estados Unidos de América*, en aras de que los boricuas no se mueran de hambre y en aras de que realicen un sinnúmero de acciones positivas, envían todos los años un montón de millones de dólares a Puerto Rico. Pues bien, valga saber que ese montón de millones de dólares suman, todos los años, la friolera de 20 mil millones de dólares.[liv] Y todo ese montón de dinero compone, por sorprendente que parezca, entre «el 25% y el 28%» del ingreso de Puerto Rico.[lv]

Debe notarse, además, que líneas arriba indicamos que la economía de Puerto Rico es tan mierda que, lamentablemente, se crean pocos empleos altamente especializados que estén relacionados con las ciencias y la tecnología. Pues bien, no se puede obviar el hecho de que Puerto Rico tampoco representa un atractivo de inversión para montar empresas que breguen con asuntos altamente especializados.

¿Saben por qué? Porque en Puerto Rico hay poquísimas personas altamente especializadas en esos campos. Sin contar que «la suma de quienes cuentan con bachillerato o estudios graduados no llegan al 22 por ciento de la población.»[lvi] Y de ese veintidós por ciento, la inmensa mayoría tiene grados académicos chatarras, es decir, en áreas que no contribuyen en nada en la investigación científico-especializada.

Así, por ejemplo, mientras en Puerto Rico abundan las personas que tienen grados académicos en Derecho, justicia criminal, educación, entre otras áreas del saber, escasean las personas con grados avanzados en física, química, matemáticas, ciencias nucleares, ciencias espaciales, entre otras áreas extremadamente especializadas.

II. Famosa y pasmosa violencia

A nivel internacional, la violencia borincana es bien conocida por muchos, aunque esos muchos no sepan dónde carajos está ubicada la isla de Puerto Rico.

Decimos eso por motivo de que muchos de los estudios criminológicos que se realizan sobre la violencia y el crimen a nivel mundial, pasmosamente, siempre tienen a la isla de Puerto Rico ocupando posiciones preocupantes.

Esto nos hace recordar que la inmensa mayoría de los estudiosos del asunto criminal a nivel mundial se enteraron de que la isla de Puerto Rico ocupó, durante el año 2010, la posición número diecinueve en asesinatos. Teniendo una tasa de asesinatos de 26 asesinados por cada 100,000 personas. Valga saber que esa tasa de asesinatos fue, increíblemente, muy superior a la registrada en México, en donde el *Gobierno de México* le ha declarado la guerra a los cárteles de la droga. De hecho, durante ese año México tuvo una tasa de 18 asesinados por cada 100,000 personas.[lvii]

Con lo anterior en mente, debemos indicar que la isla de Puerto Rico tiene tanta fama como estercolero social que, a nivel internacional, abundan: (1) estudios que discuten a profundidad los disímiles problemas sociales que afectan a la sociedad borincana; y (2) comentarios negativos sobre la vida social en la isla, particularmente emitidos por funcionarios públicos de elevada jerarquía y/o por criminólogos afamados.

Un buen ejemplo sobre esto proviene desde México. Allí, durante el año 2011, el *Hon. Felipe de Jesús Calderón Hinojosa, Presidente de los Estados Unidos Mexicanos,* manifestó que la violencia en Puerto Rico era peor a la registrada en su país.[lviii]

Siguiendo con este asunto de la fama mundial, es harto conocido que los puertorriqueños también tenemos fama: (1) de adorar las armas de fuego; y (2) de matarnos a balazos. De hecho, además de que los estudios criminológicos locales demuestran que «la mayoría de los asesinatos en Puerto Rico» se ejecutan con armas de fuego,[lix] también abundan los estudios internacionales que corroboran nuestro amor por las armas.

Decimos eso por motivo de que un estudio realizado por la *Oficina de Drogas y Criminalidad de la*

Organización de las Naciones Unidas (UNDOC) demostró, durante el año 2011, que Puerto Rico es el país en donde se reportan las mayores cantidades de asesinatos en donde las armas homicidas fueron armas de fuego.[lx]

Con lo anterior en mente, entendemos que no se puede pasar por alto que nuestra fama como estercolero social es tan impresionante que, tristemente, uno puede ver que muchos boricuas han ido a países extranjeros a cometer fechorías y/o a tratar de imponer unos violentos y alocados estilos de vida que, lamentablemente, son típicos de los boricuas que viven en Puerto Rico.

Por eso es que si uno observa muchos de los medios noticiosos del mundo, uno siempre verá a puertorriqueños siendo criminalmente procesados por estar cometiendo fechorías relacionadas con narcotráfico, fraudes, actos violentos y crimen organizado.

Esto nos hace recordar un caso que ocurrió en Japón. Allí, una boricua que se había casado con un japonés tuvo un hijo con dicho individuo. Y un buen día, el esposo de la boricua: (1) se marchó del hogar; y (2) se llevó al niño sin decirle nada a su esposa. Además de eso, luego de un tiempo el padre del niño acudió al tribunal a radicar un proceso de divorcio y custodia.

¿Saben que ocurrió después de eso? Que la boricua, en vez de seguir con los procesos judiciales ordinarios y pelear por la custodia de su hijo en los tribunales japoneses, intentó resolver dicha situación como muchos boricuas resuelven sus conflictos personales en Puerto Rico, a saber, por medio de actos violentos.

Decimos eso por razón de que la violenta puertorriqueña, pensado que podría recobrar a su hijo, acudió a la casa de su esposo; (1) portando un mortífero cuchillo; (2) gritando como una loca desquiciada; y (3) amenazando a las personas que estaban en la residencia. Pero eso no fue todo, puesto que la boricua también «amenazó que se suicidaría si no le entregaban a su pequeño.»[lxi]

Otro ejemplo sobre lo que estamos discutiendo proviene de Filadelfia, en los Estados Unidos de América. Allí, los boricuas han creado una peligrosa comunidad llamada *«el barrio»* en donde los tiroteos, las agresiones, los gritos y los incidentes violentos son parecidos a los registrados en la isla.[lxii]

Dicho eso, no se puede obviar el hecho de que a nivel nacional —o sea, en los Estados Unidos de América— la isla de Puerto Rico tiene fama de crear golpeadores, ladrones, adictos, narcotraficantes, progenitores irresponsables, pandilleros, vividores y confinados.

Sin contar que también tenemos fama de ir a los estados de los Estados Unidos de América: (1) a joder; (2) a vivir del mantengo gubernamental; y (3) a cometer fechorías. Y aunque lo indicado suene chocante, a veces pienso que la opinión que tienen muchos estadounidenses no está muy alejada de la realidad.

Si uno analiza con gran cuidado los informes policiales que se realizan a nivel nacional sobre incidentes policiales, uno verá que gran cantidad de ellos tienen a boricuas como sospechosos de delitos o, por lo menos, como personas de gran interés policial. Sin contar que las cárceles estatales en los Estados Unidos continentales están abarrotadas por boricuas.

Esto último nos ha hecho recordar que un análisis realizado por la *Comisión de Derechos Civiles de Puerto Rico* encontró, durante el año 2007, que poco más de «250,000 boricuas o descendientes de puertorriqueños» se encontraban cumpliendo condenas en prisiones estatales en los Estados Unidos continentales.[lxiii]

Sobre el asunto de la fama de Puerto Rico como productor de narcotraficantes y como productor de criminales financieros, basta con recordar que la *Agencia de Control de Drogas de los Estados Unidos de América* (DEA, según sus siglas en inglés) y el *Negociado Federal de Investigaciones* (FBI, según sus siglas en inglés) han confirmado, en numerosas ocasiones, que la islita de Puerto Rico es un «área de alta intensidad de tráfico de drogas y un área de alta intensidad de crímenes financieros.»[lxiv]

Nótese que manifestamos antes que Puerto Rico se distingue por tener, a nivel nacional, la notoria reputación de crear progenitores irresponsables. Pues bien, es indudable que varios datos pueden confirmar esa precaria reputación.

Lo primero que confirma ese dato es que la isla de Puerto Rico era, para el año 2006, la jurisdicción «con el por ciento más alto de retrasos en pensiones alimenticias en los Estados Unidos» de América. Y si fuéramos a plasmar ese dato de manera estadística, podríamos decir que el «54% de padres alimentistas no pagan o tienen atrasos» en los pagos de las pensiones alimenticias.[lxv]

Es indudable que ese dato es bien alarmante, puesto que: (1) los progenitores que no tienen la custodia legal sobre sus hijos, al igual que los que cuentan con la custodia, «tienen la obligación natural, moral y legal de alimentar a sus hijos»; y (2) en las pensiones alimenticias se incluyen partidas que están relacionadas con la subsistencia de los menores de edad, a saber, «alimento, vivienda, ropa, atención médica y educación.»[lxvi]

Nos imaginamos que muchos se estarán preguntando por qué incluimos la cuestión de las pensiones alimentarias en esta sección que está relacionada con asuntos criminales.

Hicimos eso por razón de que el Derecho que está vigente en la mayoría de los países, especialmente en el mundo Occidental, establece que el Estado tiene la facultad legal para «obligar a los progenitores a acatar la responsabilidad para con sus hijos.»[lxvii] Y ese poder de obligación lo tienen a través de tres vías, a saber, a través de la vía civil, a través de la vía administrativa y a través de la vía penal.

En el caso de Puerto Rico, usualmente se utilizan dos métodos para obligar a los progenitores no custodios a pagar por la manutención de sus hijos. La primera de ellas es a través de las vías administrativas, como por ejemplo, por medio de embargos de sueldos y retenciones de reintegros. La otra metodología es a través de la vía civil, particularmente a través de los desacatos civiles.

Debe recordarse que en Puerto Rico, al igual que en muchos países del mundo Occidental, se utiliza el desacato civil para obligar a los progenitores no custodios a pagar por la manutención de sus hijos, lo que convierte el asunto en una cuestión *cuasi* penal si la analizamos con gran profundidad.

Expresamos eso ya que por más que se le ponga el apellido de civil al trámite, la realidad del asunto es que «el desacato civil impone reclusión por un periodo indefinido.» Y la reclusión tiende a estar «vigente hasta tanto se cumpla con una condición resolutoria: el cumplimiento con la orden del tribunal.»[lxviii]

En el caso específico de Puerto Rico, debe recordarse que el desacato civil provoca que los progenitores que no pagan la pensión de sus hijos terminen «encarcelados, usualmente cumpliendo sentencias de 6 meses, por desacatar una orden del juez que exige el cumplimiento del pago o el saldo de la deuda.»[lxix]

Capítulo dos
Tierra de emigrantes entristecidos

I. Emigrantes entristecidos

Vimos antes que la situación económica y laboral en Puerto Rico no ha sido, no es ni será la mejor. También vimos que la criminalidad es tan agobiante que muchos criminales, sin sentir la más mínima consideración por la vida, «se disparan de carro a carro, en las autopistas y en las carreteras principales del país. Se baten a balazos en centros comerciales y en otros lugares públicos, obviando la presencia de familiares, amigos y ciudadanos ajenos a la situación.»[lxx]

También vimos que en la sociedad borincana impera una cultura de egoísmo, engaño y desconsideración, puesto que hay cientos de miles de personas que, «sin importar estrato social, utilizan el ingenio, la viveza y la creatividad para recurrir al engaño o al fraude para obtener beneficios de diversa índole.»[lxxi]

Pues bien, es indudable que todo eso ha ocasionado que la inmensa mayoría de los boricuas que viven en Puerto Rico sientan grandes desconfianzas hacia los demás. Y el gran problema con esa gran desconfianza y marrullería social, es que «propicia la desmoralización social y abre la puerta para que la conducta jaiba se entronice.»[lxxii]

También podemos decir que todo ese desastre social ha ocasionado, particularmente en los últimos lustros, que cientos de miles de boricuas: (1) emigraran hacia los Estados Unidos continentales en busca de una mejor calidad de vida; o (2) pensaran que no vale la pena vivir en la isla del espanto.

Y sobre el asunto de las oleadas migratorias, tenemos que reconocer que han traído un gravísimo y preocupante problema, a saber, que la mayoría de los boricuas que emigran: (1) son adultos jóvenes que están educados; y (2) son adultos que tienen vastas experiencias laborales. A todo esto hay que sumar que muchos de esos buenos y ejemplares adultos que se van de Puerto Rico tienen hijos que son menores de edad, y esos muchachitos tampoco tienden a regresar a la isla una vez llegan a la adultez.[lxxiii]

Pero esto de las grandes tragedias migratorias continúa, puesto que dichas migraciones presentan otro gran problema, a saber, también se van en esas oleadas un montón de profesionales de alto calibre, como policías, maestros, trabajadores sociales, contables, enfermeras, ingenieros, abogados y médicos.

Y eso no es extraño que ocurra, porque mientras los políticos y sus amigotes cobran salarios bien elevados y gozan de un sinnúmero de privilegios y oportunidades, los policías, los maestros, las enfermeras, los ingenieros y los médicos y abogados del sector público cobran salarios bien bajos. Y dichos salarios son tan bajos que, por increíble que parezca, son los más bajos en todo el territorio estadounidense.[lxxiv]

¿Van viendo cuál es el gran problema con las emigraciones? Que se está yendo mucha gente buena, joven y educada. Lo que trae como consecuencia que la escoria social, que es bastante numerosa, tienda a quedarse en la isla y, por ser tan numerosa, tenga gran peso a la hora de tomar decisiones importantes sobre el futuro de la isla, incluyendo decisiones relacionadas con asuntos electorales.

Ya que mencionamos el asunto de la escoria social que habita en Puerto Rico, debemos realizar un señalamiento importante. Aunque muchas de las personas que emigran de Puerto Rico hacia los Estados Unidos continentales están sólidamente preparadas, también se «va mucha gente pobre, marginada (…) y, muchos de ellos, caen en el mundo de la subcultura del crimen y la delincuencia, y enseguida se llenan las prisiones de estos grupos.»[lxxv]

Sin contar que muchos de los pobres que han emigrado, que muchos de ellos se fueron pensando en que sus situaciones económicas mejorarían grandemente, chocaron bien duro con la realidad y, luego de establecerse, se dieron cuenta de que siguieron siendo pobres.

Es significativo mencionar que esto que acabamos de decir se puede ver muy bien en el estado de Nueva York, EE.UU. ¿Saben por qué? Porque cerca del treinta y dos por ciento de los boricuas que han emigrado hacia dicho estado, según data del año 2009: (1) viven bajo los niveles de pobreza; y (2) reciben ayudas gubernamentales para poder sobrevivir.[lxxvi]

Llegados a este punto de la discusión, nos imaginamos que muchas personas se estarán preguntando sobre los boricuas que regresan a la isla. Sobre esas personas, debe saberse que la inmensa mayoría de ellas: (1) están acabadas y malgastadas; y (2) andan en busca de un lugar para retirarse y morir. Decimos eso porque la mayoría de los boricuas que regresan a la politizada isla del espanto, son personas que están en la edad dorada y jubiladas.[lxxvii]

Ahora bien, no podemos pasar por alto que muchas de las personas que se han jubilado, especialmente muchos ancianos, también han tomado la decisión de emigrar hacia los Estados Unidos continentales. Y muchos de ellos se fueron por motivo de que andaban en busca de paz social y emocional. Mientras que otros se fueron por razón de que buscaban mejores servicios de salud.

Sin contar que también hay ancianos que, por tener las fuerzas y los ánimos en buenos estados, se fueron en busca de oportunidades de empleo. Y eso no es extraño que ocurra, puesto que la sociedad puertorriqueña está tan afectada con las cuestiones del consumismo, la farándula, la vanidad y el capitalismo desmedido que, tristemente, muchos de nuestros ancianos se sienten marginados por una sociedad que piensa que los viejos no valen por razón de que no producen o producen poco.[lxxviii]

Ya que mencionamos la cuestión de la gente que viene a esta isla de mierda, debemos mencionar que la economía puertorriqueña y el ambiente laboral que impera en la isla son tan porquerías que, lamentablemente, no le ofrecen ningún atractivo a los profesionales que están laborando en otras partes del mundo. Sin contar que los profesionales que se marchan, al ver los grandes beneficios que obtienen en los estados en donde se radicaron, tampoco desean regresar.[lxxix]

Dicho eso, y ya que hemos mencionado la cuestión de la emigración borinqueña que ha tenido lugar en este siglo XXI, entendemos que debemos profundizar un poco más en ese detalle. Sobre ello, debe saberse que entre el año 2000 y el año 2007, cerca de cuatrocientos mil puertorriqueños emigraron hacia los Estados Unidos continentales.

Eso es demostrativo de que ese gran éxodo fue mayor que el registrado entre 1950 a 1960, cuando poco más de «447,000» boricuas hicieron lo mismo. Ahora bien, hay que aclarar que durante la década del ochenta del siglo XX también ocurrió otro gran éxodo, al punto de que cerca de quinientos mil boricuas se marcharon hacia los Estados Unidos continentales.[lxxx]

Por último, no está de más recordar que muchos de los puertorriqueños que emigraron hacia los Estados Unidos continentales durante el siglo XXI, no sólo se fueron por razones económicas y/o por aborrecer la enorme violencia psicosocial que impera en la isla. Puesto que muchos de ellos, además de por las razones mencionadas, también se fueron por motivo de que sentían asco por su Gobierno. Es decir, no aguantaban más las inatenciones gubernamentales, «el pillaje gubernamental», «la mediocridad de la administración pública» ni, sobre todo, la enorme división política dentro del país.[lxxxi]

Realmente uno no puede culpar a esos emigrantes por sentir asco por las cabronadas que se suscitan dentro del *Gobierno de Puerto Rico*, puesto que muchas veces lo que provocan es rabia y desesperanza. Y de todas esas cabronadas, nos imaginamos que la más detestable para muchos fue la pasmosa y odiosa inatención del *Gobierno de Puerto Rico* ante las distintas quejas del pueblo.

Dicho eso, no está de más recordar que las inatenciones gubernamentales son tan marcadas en Puerto Rico que, aunque parezcan eventos sacados de películas, uno puede ver a cada rato que muchas personas toman medidas bien drásticas para que les escuchen y atiendan. Así, por ejemplo, a cada rato uno se entera de casos en donde los reclamantes se subieron «a grúas, edificios o puentes a reclamar ayuda por sentirse excluidos de la sociedad y de los servicios gubernamentales.»[lxxxii]

También nos imaginamos que muchos de esos emigrantes sentían asco al ver que su corrupto y abusivo Gobierno, apartándose de su propósito filosófico, se pasaba tomando represalias: (1) en contra de los protestantes pacíficos; (2) en contra de las personas que pedían pacíficamente que se respetaran sus derechos y peticiones; y (3) en contra de los empleados públicos que revelaban irregularidades dentro del Gobierno.

Dicho eso, valga saber que en estos momentos la cosa sigue siendo igual. Es decir, el *Gobierno de Puerto Rico* sigue tomando represalias en contra de las personas mencionadas. Un buen ejemplo sobre esto, por increíble que parezca, está relacionado con los progenitores que tienen hijos que requieren que el Gobierno les provea educación especial.

Decimos eso por motivo de que muchísimos progenitores de niños que requieren educación especial, tristemente, se pasan sufriendo represalias gubernamentales «desde el mismo momento en que empiezan a defender o reclamar los derechos de sus hijos.»[lxxxiii]

Capítulo tres
Criadero de narcotraficantes

I. Tierra de narcotraficantes

En la vida hay pocos asuntos que son seguros, pero un asunto que es bien seguro es que «Puerto Rico está en franca decadencia.»[lxxxiv] Y un asunto que demuestra que la isla de Puerto Rico está en franca decadencia, es el hecho de que los organismos de ley y orden no son respetados ni por los criminales ni por las personas que no están involucradas en actividades criminales.

También podemos decir que Puerto Rico está en franca decadencia por motivo de que la inmensa mayoría de los criminales callejeros le han perdido el temor al sistema de justicia criminal, al punto de que ahora es común que ejecuten sus actividades delictivas: (1) a cualquier hora del día; (2) en presencia de agentes del orden público; y (3) en o cerca de facilidades que están relacionadas con el sistema de justicia criminal.

Por eso es que uno puede ver que la mayoría de los criminales que habitan en Puerto Rico, para bochorno de los agentes del orden público, «ya no se protegen en la oscuridad de la noche. Ahora están activos a cualquier hora del día y de la noche, sin importarles para nada el sitio que escogen para cometer sus actos delictivos.»[lxxxv]

Tomemos, como ejemplo, lo que ocurrió el día 4 de enero de 2012 en San Juan, Puerto Rico. Allí, para consternación de los jueces y los fiscales, varios sicarios tirotearon a tres personas que se encontraban saliendo del *Centro Judicial de San Juan*. Valga saber que dicha balacera, que fue escuchada por muchos empleados del tribunal, dejó un saldo de tres personas heridas de bala y cientos de empleados consternados.[lxxxvi]

Otro asunto que demuestra que la sociedad puertorriqueña está en franca decadencia, es el hecho de que en la isla existe una poderosa narcoeconomía. También nos atrevemos a decir que la decadencia social se demuestra al ver que la isla se está convirtiendo, poco a poco, en un narco-estado.

Para corroborar que la isla se está convirtiendo en un narcoestado, comenzamos la discusión diciendo que en los narcoestados: (1) los criminales no le tienen miedo a los policías, por lo que son constantes los tiroteos entre los narcos y los policías; y (2) los criminales no sienten ningún tipo de respeto por la vida humana, al punto de que matan a quien sea en donde sea.

Pues bien, en Puerto Rico ocurre todo lo antes señalado. Decimos eso por razón de que los narcotraficantes y sus sicarios: (1) se pasan tiroteando a los policías; y (2) entienden que el sistema de justicia criminal puertorriqueño es una mierda, puesto que no cuenta los recursos para poder encarcelarlos.

En fin, si fuéramos a resumir lo manifestado en pocas palabras, podríamos decir que la inmensa mayoría de los narcotraficantes que operan en Puerto Rico se sienten bastante cómodos al operar sus negocios. ¿Saben por qué? Por motivo de que piensan, teniendo motivos fundados para ello, que sus fechorías quedarán impunes.[lxxxvii]

Sobre la cuestión de la falta de consideración por la vida humana, no se puede obviar que desde hace varios lustros hemos estado viendo que los narcotraficantes han estado apoderándose, a fuerza de disparos y puñetazos, de los lugares públicos de una manera bien increíble. Al punto de que están llevando sus sangrientas guerras a lugares que, tradicionalmente, no estaban relacionados con el narcotráfico.

Así, todos vemos con gran horror que cada dos a tres días «se hace pública la noticia de un asesinato en una autopista, en una acera o en un centro comercial a plena luz del día, con testigos que nada tienen que ver con los implicados y muchas veces con víctimas inocentes.»[lxxxviii]

Con lo anterior en mente, valga saber que en los narcoestados uno puede ver que los narcotraficantes se apoderan de aceras, calles, comunidades y facilidades deportivas para realizar negocios criminales.

Pues bien, valga saber que en muchas partes de Puerto Rico ha ocurrido eso, al punto de que en la isla existen numerosas comunidades marginadas que se han convertido en unas narcozonas, en donde los narcotraficantes y sus sicarios controlan muchos asuntos comunitarios.

Así, por ejemplo, en muchos de esos lugares los sicarios y los narcotraficantes controlan y supervisan las instalaciones y desinstalaciones que realizan las empresas de agua, luz, telefonía, televisión e Internet. Y dicho control es tan portentoso que, por increíble que parezca, los empleados que laboran para dichas empresas tienen que pedirle permiso a los sicarios antes de realizar sus labores.[lxxxix]

A ello habría que sumar que muchas de esas narcozonas han sido transformadas en pequeñas «ciudadelas armadas donde la Policía no osa entrar», puesto que los agentes son recibidos a tiros, botellazos y puñetazos.[xc] Y téngase presente que esos violentos recibimientos no sólo son ejecutados por los sicarios de las organizaciones criminales, también son ejecutados por muchos residentes que ven con buenos ojos la presencia de los narcos.

Dicho eso, no está de más mencionar que esas personas ven con buenos ojos la presencia de algunos narcos por razón de que estos últimos tienden a ser considerados como héroes. ¿Saben por qué? Porque proveen empleos y ayudas económicas a los más necesitados.

Sobre el asunto del apoderamiento de las facilidades deportivas, es pertinente mencionar una investigación que realizó el *Departamento de Recreación y Deportes de Puerto Rico*.

Según dicha reveladora investigación, para el año 2006 los narcotraficantes se habían apoderado, a fuerza de disparos, de numerosos parques de beisbol y de unas trecientas canchas de baloncesto de dominio público, convirtiéndolas en puntos de ventas de drogas ilegales.[xci]

Otro dato que demuestra que la isla tiene una narcoeconomía sólida y que está cerca de convertirse en un narcoestado, es el hecho de que en la isla existen poco más de «1,500 puntos» de ventas de drogas, muchos de ellos operando cerca de escuelas y cuarteles policiales.[xcii]

También está el hecho de que la isla de Puerto Rico, a nivel nacional, es el territorio estadounidense «con el mayor número de narcotraficantes, puntos de drogas y una economía de droga que genera cerca de (…) 50,000 empleos directos e indirectos.»[xciii]

Otro dato que demuestra que la isla de Puerto Rico está a punto de convertirse en un narcoestado, es el hecho de que el dinero sucio de los narcotraficantes corre «por todas partes, a borbotones y salvajemente.»[xciv]

Valga saber que el narcodinero está tan impregnado en la economía puertorriqueña que, lamentablemente: (1) se lava de manera constante; y (2) la economía borincana depende grandemente del narcodinero.

Y sobre el último punto indicado, no está de más saber que esa dependencia es tan fuerte que varios economistas, contables, criminólogos y pensadores han certificado que sin el narcodinero que corre dentro de la economía local, que se estima que llega a los $9,000 millones de dólares anuales, «innumerables negocios se vendrían abajo.»[xcv]

Sobre el asunto de que el narcodinero se lava en la isla de una pasmosa forma, y en muchas ocasiones ante las propias narices de las agencias del orden público, deben saber que Puerto Rico es el campeón del lavado de dinero que proviene del narcotráfico, por lo menos en los Estados Unidos de América.

Decimos eso por motivo de que un informe que realizó el *Buró Federal de Investigación* (FBI, según sus siglas en inglés) confirmó, en lo pertinente, que Puerto Rico es la primera jurisdicción estadounidense en donde se lava dinero sucio proveniente del narcotráfico y de la venta ilegal de armas.[xcvi]

Llegados a este punto de la discusión, nos imaginamos que muchos estarán pensando que falta un asunto que es típico de los narcoestados, a saber, el poder de los narcos dentro de las esferas del *Gobierno de Puerto Rico*. Pues bien, tenemos que decir que ese asunto ya está confirmado, al punto de que es un secreto a voces que los narcotraficantes más poderosos han logrado sobornar policías, jueces, fiscales y examinadores.

Sobre el asunto de la compra de influencias judiciales, debe recordarse que en Puerto Rico se han dado un montón de decisiones judiciales «incomprensibles, que han beneficiado descaradamente a narcotraficantes, a sus acólitos, o a los sicarios...».[xcvii] Lo que hace pensar, por lo menos a las personas que tienen los pies sobre la tierra, que el poder de algunos narcotraficantes a logrado penetrar dentro de algunas salas judiciales.

Sobre la compra de influencias e informaciones policiales, hay miles de evidencias que demuestran que el crimen organizado ha penetrado dentro de las esferas policiales, inclusive dentro de las más altas y sensitivas. Por eso es que la *Policía de Puerto Rico* es, y por mucho, el cuerpo policial más corrupto en todo los Estados Unidos de América.

Es de saber que la corrupción en la Policía de Puerto Rico es tan enorme que: (1) miles de agentes del orden público han colaborado, a través de los años, con narcotraficantes en disímiles actuaciones delictivas; y (2) el *Buró Federal de Investigación* (FBI, según sus siglas en inglés) ha manifestado, en múltiples ocasiones, que la corrupción en la Policía de Puerto Rico es continua y sistemática.[xcviii]

Un buen ejemplo sobre esto proviene desde Corozal, Puerto Rico. Allí, por varios años, hubo una organización criminal que operó «con la ayuda de agentes del orden público que le facilitaban información sobre operativos policiales y que le brindaban protecciones durante el traslado de cargamentos» de drogas y armas.[xcix]

Discutidos los asuntos arriba mencionados, no está de más mencionar que lo acabado de discutir ha sido corroborado por el propio *Buró Federal de Investigación* (FBI, según sus siglas en inglés). Según dicha agencia del orden público, en

Puerto Rico hay corrupción «en todos los renglones del gobierno», es decir, en la rama ejecutiva, en la rama judicial y en la rama legislativa.[c]

Otro asunto que abona al hecho de que Puerto Rico va camino a convertirse en un narcoestado, es el hecho de que en la isla: (1) se cultiva mucha marihuana; y (2) se está vendiendo y utilizando marihuana que ha sido localmente cultivada. También abona a lo anterior el hecho de que cada día hay más personas, incluyendo personas que pertenecen a la clase media, que ven la cultivación de marihuana como una forma de ganar buen dinero.

Esto nos hace recordar el caso de *José "Piculín" Ortiz*, un exjugador de baloncesto profesional que comenzó a cultivar y distribuir marihuana por motivo de que deseaba ganar un dinerito extra. Es de saber que al momento de ser arrestado durante el año 2011, a Ortiz le ocuparon doscientas veinte matas de marihuana que tenían un valor en el mercado negro de unos ciento cincuenta mil dólares.[ci]

Debe notarse que indicamos que los cultivadores de marihuana ven dicha gestión como un buen negocio. Valga saber que ellos piensa así no sólo por el asunto del dinero que ganan, también lo hacen por motivo de que el cultivo de marihuana en Puerto Rico es un delito que prácticamente queda impune.

Decimos eso por razón de que: (1) en Puerto Rico hay pocos agentes asignados a investigar ese tipo de delito; y (2) a los agentes del orden público de Puerto Rico les «resulta difícil dar con los cultivos de marihuana.» Por razón de que, por lo general, «están sumamente ocultos, dentro de residencias o en zonas densas en vegetación apartadas de caminos o carreteras.»[cii]

Discutido ese dato, debe tenerse en cuenta que otra característica que presentan los narcoestados es que la inmensa mayoría de las actividades criminales, incluyendo los asesinatos y las tentativas de asesinatos, están relacionadas con el uso y la venta de drogas ilegales.

Pues bien, debe tenerse en cuenta que la isla de Puerto Rico también reúne dichas características. Decimos eso por motivo de que: (1) poco más del «80% de la actividad delictiva en Puerto Rico es consecuencia del uso y trasiego de narcóticos»;[ciii] y (2) el ochenta por ciento de los asesinatos que se reportan en la isla, como ha dicho el *Buró Federal de Investigación* (FBI, según sus siglas en inglés), están relacionados con el uso y «el trasiego de drogas.»[civ]

II. Tierra de drogadictos

Otro asunto que se debe saber, es que los narcoestados también se distinguen por tener un gran número de adictos que utilizan drogas ilegales. Pues bien, es indudable que Puerto Rico también cumple con ese requisito. Puesto que abundan las referencias en donde se deja más que claro que en Puerto Rico, para consternación de los patrioteros, la adicción a drogas ilegales «tiene niveles epidémicos.»[cv]

¿Y por qué señalamos que la drogadicción tiene unos niveles bien altos? Por motivo de que en Puerto Rico, horrorosamente, «tres de cada cien personas» son adictas a drogas ilícitas. Y de ésas, se estima que hay poco más de setenta mil personas que tienen una fuerte dependencia a las drogas ilegales que consumen.[cvi]

Es apropiado, aquí, hacer mención de que Puerto Rico es, en todo los Estados Unidos de América, la jurisdicción: (1) que más produce adictos a heroína y opiáceos; y (2) que produce adictos con altos niveles de consumo de heroína y opiáceos. Decimos eso por razón de que la data certifica que el «consumo de heroína y opiáceos en la isla supera en 50 por ciento» al registrado en los Estados Unidos continentales.[cvii]

Con eso en mente, no está de más recordar que en Puerto Rico, distinto a otras jurisdicciones más progresistas, la adicción de nuestros adictos es una que tiende a durar por muchos años, y en muchas ocasiones dura hasta que los adictos mueren. ¿Saben por qué decimos eso? Primero, por razón de que en Puerto Rico hay pocos programas de rehabilitación de adictos que estén basados en data científicamente validada. Sin contar que, para hacer las cosas peor, no existe un buen programa gubernamental de medicalización de drogas.

Segundo, porque en Puerto Rico los adictos a drogas ilegales y callejeras, a diferencia de los adictos a los medicamentos controlados, son tratados como inmundicias y criminales. Y esa gran indiferencia y criminalización de la adicción ha ocasionado que sean pocas las personas que, voluntariamente, tengan interés de ayudar a los adictos.

De hecho, esa indiferencia es tan marcada que el noventa y cinco por ciento de los adictos a drogas ilegales «no reciben atención porque nadie se ocupa de ir a ofrecerles tratamiento al lugar donde se encuentran. El 5% de los que reciben ayudas es porque sus familiares los motivan o porque se interviene con ellos judicialmente.»[cviii]

Teniendo en cuenta lo antes mencionado, entendemos que es apropiado mencionar otro curioso asunto relacionado con la drogadicción. Y el curioso asunto, que en realidad se debería llamar el negativo asunto, es que la data científica certifica que «Puerto Rico es el segundo país, después de Argentina, donde más personas, entre 25 y 34 años de edad, utilizan dos drogas o más combinadas.»[cix]

Así, por ejemplo, hay adictos que usan cocaína y fuman cigarrillos. Sin contar que por ahí también abundan los adictos que usan heroína combinada con una poderosa droga llamada *Xilazina*, que es una anestesia que utilizan los veterinarios para anestesiar a los caballos. También están los que usan heroína y marihuana. Y no olvidemos a los que usan alcohol y cocaína.[cx]

Tampoco nos podemos olvidar de los jóvenes que, en perjuicio de su salud, hacen unas peligrosas mezclas «de fármacos recetados —regularmente utilizados para el dolor, analgésicos o tranquilizantes— con alcohol, (...) que al combinarlos provocan en sus usuarios un efecto de sedación que, incluso, puede llevar a la muerte.»[cxi]

Por último, debe notarse que manifestamos líneas arriba que muchos usuarios de drogas ilegales que habitan en Puerto Rico están toda su vida consumiendo drogas. Pues bien, es justo señalar que aunque Puerto Rico tiene la distinción antes mencionada, la realidad es que en todos los países vamos a encontrar adictos que llevan toda una vida usando drogas. Ello, por razón de que es harto conocido que los vicios —como dijo hace más de dos mil años atrás el **Maestro Confucio**— «vienen como pasajeros, nos visitan como huéspedes y se quedan como amos.»[cxii]

Y todo eso se complica más todavía si los destructivos vicios llegaron a temprana edad, puesto que está demostrado que «mientras más temprano en la vida la persona se inicia en el uso de sustancias, más años va estar usándolas y más difícil se la va hacer dejar de usarla.»[cxiii]

Capítulo cuatro
Productor de enfermos mentales

I. Demasiados enfermos mentales

Como hemos visto, «el crimen, las balaceras, los asaltos a mano armada y el narcotráfico están a la orden del día en los barrios, las urbanizaciones, las calles y las carreteras» de Puerto Rico.[cxiv] Pues bien, ahora tenemos que decir que los dementes y los enfermos mentales también están a la orden del día en Puerto Rico.

Decimos eso porque dentro del estercolero social borinqueño hay, impresionablemente, poco más de «716,000» personas que sufren de una o varias condiciones mentales. Y a eso hay que sumarle un agravante, a saber, que la inmensa mayoría de esas personas no saben que sufren de condiciones mentales, por lo que andan por ahí haciendo de las suyas sin ningún tipo de ayuda profesional.[cxv]

Pero esto que estamos discutiendo se torna más tétrico todavía, puesto que hay muchísimos locos desquiciados —y muchos de ellos con elevados potenciales de cometer actos criminales— que también andan por ahí sin recibir tratamientos profesionales. Decimos eso por motivo de que un estudio publicado por el *Departamento de Salud de Puerto Rico* estableció, durante el año 2005, que dentro del pequeño territorio puertorriqueño había cerca de 226,000 adultos que sufrían de enfermedades mentales que podían ser catalogadas como severas.[cxvi]

Por su parte, sobre la salud mental de los menores de edad que viven en Puerto Rico, tenemos que decir que la sociedad borincana se distingue por crear niños con condiciones mentales. Decimos eso ya que el mismo estudio que fue publicado por el *Departamento de Salud de Puerto Rico* determinó, horrorosamente, que cerca de «140, 528 niños y adolescentes» tienen problemas de salud mental. Mientras que cerca de 60,000 niños y adolescentes sufren de disturbios emocionales severos.[cxvii]

Dentro de este contexto, cabe señalar que los habitantes de Puerto Rico también se distinguen: (1) por crear personas ansiosas; y (2) por traer al mundo personas bipolares. Decimos eso por razón de que nos recordamos de los devastadores hallazgos de un estudio que realizó la *Academia de Psiquiatría de Puerto Rico.*

Según los resultados de dicho estudio, que fueron dados a conocer durante el año 2011, el 25 por ciento de la población de Puerto Rico sufre de trastornos de ansiedad, mientras el que seis por ciento de la población sufre de bipolaridad.[cxviii]

Es indudable que lo antes mencionado puede explicar las razones por las cuales muchos habitantes de Puerto Rico se pasan insultándose, agrediéndose y envolviéndose en disímiles conflictos. Decimos eso por razón de que las personas que sufren de bipolaridad, ansiedad y/o depresión, particularmente si no son tratadas por profesionales competentes, son «más propensas a la irritabilidad, lo que incrementa la generación de conflictos…».[cxix]

Dicho eso, es justo señalar que a pesar que Puerto Rico es un gran productor de personas con trastornos mentales y/o con problemas psicosociales, la realidad del asunto es que en el mundo hay millones de personas que tienen problemas de salud mental. De hecho, son numerosas las referencias que nos dicen que «actualmente hay 450 millones de personas en el mundo que padecen trastornos mentales o neurológicos, o que tienen problemas psicosociales, como el alcohol y el uso indebido de las drogas.»[cxx]

Con lo anterior en mente, entendemos que debemos realizar un pequeño paréntesis para decir que estamos viviendo en unos tiempos en donde la locura se ha convertido, por decir lo mínimo, en la normalidad. De hecho, estos tiempos son tan extraños que la normalidad mental va camino a convertirse en una especie de rareza en peligro de extinción. Decimos eso porque, además de que hay muchísimas personas enfermas de la mente, los expertos en salud mental siguen inventando y añadiendo trastornos mentales a los libros que están relacionados con la salud mental.

Esto que acabamos de mencionar nos ha hecho recordar un libro llamado *Manual Diagnóstico y Estadístico de los Trastornos Mentales (DSM)*, puesto que dicho voluminoso manual: (1) es utilizado por psicólogos y psiquiatras: (2) es constantemente revisado; (3) tiene un montón de trastornos mentales; y (4) cada cierto tiempo se le añaden un sinnúmero de nuevos trastornos mentales.

A esto convendría añadir que se espera que dicho manual, que es la herramienta principal que utilizan los psicólogos y los psiquiatras para poder trabajar y recibir dinero, aumente a unos niveles sumamente impresionantes y absurdos. De hecho, se espera que ese manual sea tan absurdamente ampliado por los profesionales de la salud mental que, muchísimos de ellos —especialmente los que vean a sus pacientes como meras mercancías para ganar dinero— van a tener las herramientas necesarias para poder «diagnosticar a casi todas las personas con algún tipo de desorden mental.»[cxxi]

Dicho eso, entendemos que es apropiado, aquí, mencionar que en Puerto Rico se le otorga mucha fe a la psicología. Por eso es que uno puede ver a muchísimas personas diciendo grandes necedades, como por ejemplo, que si hubiera psicólogos en todas las escuelas públicas del país mejorarían grandemente los ambientes escolares. Sin contar que también abundan los que dicen que si el sistema de salud pública contratara a miles de psicólogos, en aras de que grandes cantidades de ciudadanos recibieran sus servicios, la calidad de vida de Puerto Rico mejoraría un montón.

Pues bien, tenemos que decir que todo eso es absurdo. Aunque no dudamos de muchos de los instrumentos científicamente validados que utilizan los psicólogos para realizar sus tareas, la realidad es que muchísimos asuntos dentro de la psicología siguen siendo parte de la *pseudociencia*. Sin contar que la psicología es y ha sido bien inefectiva para ayudar a muchísimas personas.

¿Saben por qué indicamos eso? Por motivo de que «en los últimos años han salido publicados varios estudios importantes en donde se establece que cerca del 80% de los que buscan ayuda en clínicas (...) psicológicas no se sienten que han mejorado.»[cxxii]

Y para los que no tengan idea sobre lo que significa pseudociencia, les explicamos que una pseudociencia es «un conjunto de prácticas, creencias, conocimientos y metodologías no-científicas, pero que reclaman dicho carácter.»[cxxiii]

II. Desquicio social puertorriqueño

Vieron en la sección anterior que en Puerto Rico hay muchísimas personas que sufren de enfermedades mentales. Pues bien, ahora van a ver que en Puerto Rico está ocurriendo algo bien incomprensible y sorprendente, a saber, todo parece indicar que el desquicio se ha apoderado de la inmensa mayoría de los habitantes de Puerto Rico. Decimos eso porque uno puede ver que hay muchísimas personas que, a pesar de que no están locas, se comportan como gente desquiciada.

Como primer ejemplo del desquicio social borinqueño, podemos mencionar que todo parece indicar que los habitantes de Puerto Rico se han olvidado: (1) que viven en una pequeña isla que no cuenta con muchos cuerpos de agua dulce; (2) que la contaminación ambiental contamina los cuerpos de agua dulce; y (3) que las próximas generaciones van a necesitar, para poder vivir y desarrollarse sanamente, que los cuerpos de agua dulce estén en buen estado.

Decimos eso por razón de que muchos de los habitantes de Puerto Rico están tan desquiciados que, por increíble que parezca, se pasan contaminando los cuerpos de agua dulce con excrementos, orines, basuras y líquidos contaminantes. Y dichos niveles de contaminación son tan elevados que, según un estudio que fue dado a conocer por la *Agencia de Protección Ambiental de los Estados Unidos de América*, el cincuenta por ciento de los cuerpos de agua dulce están seriamente contaminados.[cxxiv]

Ya que estamos hablando sobre la destrucción ambiental, no podemos dejar de mencionar que el desquicio mental de la sociedad puertorriqueña es tan increíble que, incomprensiblemente, la mayoría de los habitantes de Puerto Rico y la inmensa mayoría los funcionarios de alta jerarquía gubernamental se han resistido a escuchar los llamados de los expertos de que se debe: (1) evitar la disparatada construcción; y (2) proteger los recursos naturales.

Por eso es que uno puede ver, y en muchas ocasiones con gran perplejidad, que los recursos naturales de Puerto Rico «son devorados por el afán (...) del llamado desarrollo.»[cxxv] Y ese llamado desarrollo, para que quede claro, no es otra cosa que la construcción de carreteras, urbanizaciones y edificios innecesarios.

Sin contar que el desquicio de la sociedad puertorriqueña ha llegado a niveles tan alarmantes que, para consternación de los intelectuales, la inmensa mayoría de los boricuas llaman desarrollo a la desmedida construcción de templos dedicados a alabar el consumismo, la vida superficial y, sobre todo, el empleo chatarra. ¿Y cuáles son esos templos? Los centros comerciales.

En fin, el desquicio dentro de la población de Puerto Rico ha llegado al nivel de que la mayoría de los ciudadanos no pueden visualizar que el alocado, interminable y destructivo desarrollo «está en vías de cubrir con cemento la Isla entera», y en especial, los terrenos agrícolas.[cxxvi]

Por otro lado, casi todo el mundo sabe que los vehículos de motor que utilizan combustibles fósiles están en la lista de los mayores contaminadores del aire. De hecho, se sabe que el monóxido de carbono, que es «expulsado por la combustión parcial en los motores de los vehículos de gasolina», causa gran contaminación. Sin contar que los hidrocarburos, que son «producidos por componentes de la gasolina y otros derivados del petróleo», también causan gran contaminación.[cxxvii]

Pues bien, el desquicio social en Puerto Rico es tal que, innegablemente, todo apunta a que a la inmensa mayoría de los boricuas no les importa un carajo que Puerto Rico se haya convertido, dentro de América, en una de las principales jurisdicciones en donde se contamina el aire por medio de la utilización de vehículos de motor. Decimos eso por varias razones.

Primero, porque en Puerto Rico el sistema de transportación pública es tan deficiente que obliga a las personas a tener que comprar carros. Segundo, porque la inmensa mayoría de los ciudadanos de Puerto Rico son tan egoístas que no quieren hacer viajes compartidos en automóviles con familiares, amigos y/o compañeros de trabajo.

Tercero, porque la compra de carros es tan elevada que, a diferencia de muchos países, hay una enorme desproporción entre carros y habitantes. Así, se sabe que en la isla hay 3.7 millones de habitantes —y valga saber que cada vez hay menos—, mientras que hay poco más de «3 millones de automóviles registrados que consumen mil millones de galones de gasolina al año.»[cxxviii]

Y téngase en cuenta que esos mil millones de galones de gasolina que consumen los carros en Puerto Rico todos los años, según un estudio que realizó la *Agencia de Protección Ambiental de los Estados Unidos de América* (EPA, por sus siglas en inglés), «es una cantidad mayor que la gasolina utilizada por siete países centroamericanos juntos.»[cxxix]

Siguiendo con el asunto de la contaminación, debemos mencionar que Puerto Rico se ha concentrado en la utilización de combustibles fósiles para producir energía eléctrica. Lo que demuestra, nuevamente, que a la mayoría de los puertorriqueños no les importan las informaciones que se publican sobre la contaminación del aire.

Y si seguimos profundizando, también nos daremos cuenta de que la inmensa mayoría de los habitantes de Puerto Rico son tan desquiciados que: (1) piensan que los combustibles fósiles no se agotan y no se pasan subiendo de precio; y (2) no están dispuestos a realizar sacrificios para ahorrar energía eléctrica.

Pero lo más que demuestra la enorme irresponsabilidad que hay con relación al asunto energético y la contaminación ambiental, es la cuestión de que muchísimos habitantes de Puerto Rico se han convertido en unas peligrosas plagas: (1) que adoran consumir combustibles fósiles; y (2) que adoran contaminar. Decimos eso porque Puerto Rico «es, a nivel mundial, el país con el más alto consumo de energía eléctrica por kilómetro cuadrado y es el tercero en consumo por habitante, de acuerdo a un estudio de la *Oficina de Energía de Estados Unidos*.»[cxxx]

Ahora bien, otra buena evidencia sobre la imbecilidad puertorriqueña con relación al asunto energético proviene desde el espacio exterior. Decimos eso porque a pesar de que muchos científicos han pasado años advirtiéndoles a los habitantes de Puerto Rico sobre la importancia de ahorrar energía, la realidad es que «las fotos del planeta tomadas desde satélites revelan que la Isla, de noche, es prácticamente una linterna, con gran concentración de luz…».[cxxxi]

Pero el desquicio borinqueño es más sorprendente todavía, puesto que los pensantes no podemos comprender las razones por las cuales los habitantes de Puerto Rico tienen unos exagerados niveles de consumo de energía eléctrica. Y no lo podemos comprender por razón de que el servicio de energía eléctrica en Puerto Rico es sumamente costoso y deficiente.

Tanto así, que un estudio realizado por la *Administración de Información Energética de los Estados Unidos de América* (EIA, por sus siglas en inglés) demostró, en lo pertinente, que «la dependencia de los combustibles fósiles, la falta de mantenimiento de los sistemas de transmisión y distribución, y la pérdida de energía son algunos factores que han convertido a Puerto Rico en la segunda jurisdicción de Estados Unidos con la energía más cara.»[cxxxii]

Cabe señalar, por último, que el desbarajuste borinqueño que está relacionado con el excesivo consumo de combustibles fósiles —tanto para producir energía eléctrica como para mover los vehículos de motor— y con la enorme contaminación que producen dichos combustibles ha llegado al punto de que buena parte de la ciudadanía, mayormente compuesta por personas que adoran el consumismo, cree que las advertencias de los científicos son erradas o exageradas. Sin contar que los más brutos y fuleros piensan, ignorando los innumerables estudios y escritos científicos que hay por ahí, que tales advertencias no son más que puras patrañas.[cxxxiii]

De otra parte, pero dentro del asunto del desquicio social, es harto conocido que Puerto Rico es: (1) una colonia bien pobre; y (2) una colonia poco productiva —específicamente hablando sobre asuntos laborales y asuntos relacionados con la agricultura—. Y la pobreza en Puerto Rico es tan marcada que, dentro del vasto territorio estadounidense, es la jurisdicción que más dinero recibe en concepto de cupones de alimentos y ayudas para viviendas. Por eso es que han sido varios los economistas e intelectuales que han dicho que Puerto Rico es «la *Isla de los Mantenidos.*»[cxxxiv]

Sobre el asunto de la poca productividad puertorriqueña, debe recordarse que manifestamos antes que cientos de miles de puertorriqueños han descubierto que salen mejor estando desempleados y recibiendo ayudas gubernamentales que insertándose en el mundo laboral.

Aunque no se puede pasar por alto, como hemos manifestado, que muchas personas reciben dichas ayudas gubernamentales por razón de que no pueden conseguir buenos empleos. Pero sea como fuere, la realidad es que la poca productividad de la sociedad puertorriqueña es tan marcada que la «tasa de participación en el mercado laboral (…) nunca ha llegado al 50%.»[cxxxv]

Con ese deprimente panorama en mente, es obvio que las personas pensantes que viven fuera de Puerto Rico esperarían que el consumismo en Puerto Rico fuera bien mínimo. También esperarían que la marcada pobreza y el elevado desempleo: (1) hayan alejado a los habitantes de Puerto Rico de las estupideces faranduleras que tantos daños les ocasionan al pensamiento; y (2) hayan convertido a Puerto Rico en país en donde la inmensa mayoría de los habitantes, por vivir bajo los niveles de pobreza, hayan completado grados universitarios con el fin de empujar el desarrollo económico.

Sin embargo, la realidad puertorriqueña es muy distinta a la deseada. Así, por ejemplo, el consumismo, los asuntos faranduleros, el pensamiento superficial y la dejadez del *Gobierno de Puerto Rico* con los asuntos educativos, lamentablemente, han llevado a muchos jóvenes a alejarse de la educación. Por eso es que uno puede ver, como manifestáramos antes: (1) que la deserción escolar está en un cuarenta por ciento;[cxxxvi] y (2) que la deserción universitaria esté cerca del sesenta y cinco por ciento.[cxxxvii]

Y hablando específicamente sobre el consumismo, tenemos que decir que en Puerto Rico ha llegado a niveles alarmantes, al punto de que se ha convertido en otra muestra del enorme desquicio que hay en la empobrecida sociedad puertorriqueña. Valga saber que el desquicio consumista es tan patético que, aunque parezca un cuento de locos, Puerto Rico es una pobre y endeudada colonia caribeña que tiene cerca de quinientos templos dedicados a ensalzar a la *Diosa Consumista*, es decir, centros comerciales.[cxxxviii]

Sin contar que las conductas desquiciadas y ridículas ocasionadas por el consumismo son, además de constantes, bien sorprendentes. Decimos eso por razón de que uno puede ver que muchos habitantes de Puerto Rico, entre otras absurdas conductas: (1) se pasan haciendo largas filas para comprar artículos que recién han salido al mercado; (2) se pasan peleando e insultándose por estacionamientos en los centros comerciales; y (3) se pasan agrediendo y/o insultando a las personas, que muchas veces también son otros pobres consumistas, que intentan colarse en las filas de los establecimientos comerciales.

Esto que estamos discutiendo nos hace recordar un lamentable caso que ocurrió en Mayagüez, Puerto Rico. Allí, durante el año 2011, una consumista y superficial persona le «roció gas pimienta a varias personas que intentaban colarse en la fila de entrada» de una tienda llamada *Toys 'R' US*.^{cxxxix}

Otro caso relacionado con el desquiciado consumismo ocurrió en *Plaza las Américas*, un centro comercial que está ubicado en San Juan, Puerto Rico. Allí, durante el año 2008, dos personas discutieron por un estacionamiento. Y la discusión se acabó cuando uno de los consumistas desenfundó una arma de fuego y, en el nombre del consumismo, le disparó al otro.^{cxl}

En conformidad con lo anterior, es imprescindible destacar que el patético consumismo ha jodido tanto a Puerto Rico que, lamentablemente, uno puede ver que la inmensa mayoría de los habitantes de la isla, a pesar de ser pobres, tienen unos pensamientos de vida que están basados: (1) en el consumismo; y (2) en asuntos faranduleros.

Decimos eso porque uno puede ver que para las personas mencionadas —y lo más patético es que esas personas también le enseñan eso a las nuevas generaciones—, la idea de tener una buena vida o superarse «es sinónimo de abundancia, de una buena posición social, comodidades, lujos y de una alacena llena de comestibles» costosos.[cxli]

Y eso es bien trágico, puesto que es demostrativo de que el puertorriqueño promedio ha perdido el norte y, sobre todo, de que ha dejado que la idiotez y la superficialidad dominen su vida. Pero más trágico es que muchos de los adultos que viven en Puerto Rico, que se las echan de ser buenos progenitores, les enseñan a los menores de edad esos enfermizos amores hacia el consumismo y los asuntos faranduleros. Por eso no es exagerado expresar que en Puerto Rico, incuestionablemente, el consumismo se transmite: (1) por medio de los medios de comunicación; y (2) por medio de las familias y los pares.

En fin, no se puede negar que el patético consumismo ha llevado a la inmensa mayoría de los puertorriqueños a incurrir en conductas autodestructivas. Y una de esas conductas autodestructivas es, tristemente, el haber olvidado que una buena vida es una vida simple. Es decir, lejos de conductas consumistas, llena de actos tendentes a mejorar la capacidad intelectual y, sobre todo, llena de actos y pensamientos encaminados a proteger los recursos naturales.

Por eso creemos que el puertorriqueño promedio ha olvidado las palabras de **Marco Tulio Cicerón**, un afamado político y escritor romano. ¿Y qué fue lo que dijo Cicerón? Que «si junto a la biblioteca tienes un jardín, ya no te faltará nada.»[cxlii]

Con lo anterior en mente, debe notarse que manifestamos líneas arriba que las cuestiones faranduleras también han afectado negativamente a la sociedad puertorriqueña. Pues bien, sobre ese particular tenemos que decir que los habitantes de Puerto Rico están tan exageradamente embrutecidos con los asuntos faranduleros: (1) que los programas de chismes, modas y farándula son más importantes que los eventos y programas educativos; y (2) que saben más sobre asuntos faranduleros y fuleros que, tristemente, sobre asuntos relacionados con la educación y la cultura.

Y para hacer las cosas peor, el desquicio borinqueño por culpa de los asuntos consumistas y faranduleros ha llegado al nivel de que para la mayoría de la ciudadanía, para consternación de los pocos intelectuales que hay en la isla, son más importantes los chismes, los programas de chismes, los eventos faranduleros, los eventos deportivos y los asuntos que están relacionados con las modas: (1) que las premiaciones internacionales que están relacionadas con el intelecto superior; (2) que los acontecimientos de gran importancia que ocurren a nivel internacional; y (3) que los descubrimientos científicos de gran importancia.[cxliii]

Otra cuestión bien trágica sobre los estragos que ha causado la superficialidad y el pensamiento consumista en Puerto Rico, es que también han arrastrado a muchos de los medios de comunicación, incluyendo a muchos medios de prensa.

Dicha trágica situación ha sido tan negativa que, para consternación de muchos sociólogos, muchos medios de prensa: (1) se han alejado del periodismo investigativo; y (2) se han convertido en meros alabadores de los asuntos que están relacionados con el mundillo de la vida nocturna formado por figuras de los negocios, el deporte, la política y el espectáculo. Por eso nos atrevemos a decir que en Puerto Rico, lamentablemente: (1) el periodismo investigativo está en peligro de extinción; y (2) el periodismo se ha convertido en mero «entretenimiento» chatarra.[cxliv]

Ya que mencionamos a los medios de comunicación que operan en Puerto Rico, vamos a aprovechar esta oportunidad para decir que la mayoría de los medios de comunicación que operan en Puerto Rico son tan deficientes, incluyendo casi todos los medios de prensa, que se pasan bombardeando a sus seguidores con grandes dosis de «superficialidad.»[cxlv]

Por eso es que si uno analiza con gran cuidado la mayoría de los contenidos de los medios de comunicación, y en especial muchos de los medios noticiosos, uno puede llegar a la conclusión de que la mayoría de sus contenidos: (1) están realizados con el fin de satisfacer las superficialidades intelectuales de la mayor parte de la población; y (2) no son más que asuntos publicitarios y propagandísticos que están disfrazados de noticias.

Pero esto es más repugnante todavía, puesto que la inmensa mayoría de los medios de comunicación que operan en Puerto Rico se pasan tergiversando muchas de las informaciones. ¿Saben para qué? Para convertir ciertas informaciones que son legales y/o ciertas, en asuntos dudosos y/o malignos. Valga saber que eso pasa mucho con los eventos noticiosos que están relacionados con la *Policía de Puerto Rico*. Nos explicamos.

Es cierto que en la *Policía de Puerto Rico* hay muchos agentes que son abusadores y corruptos. También en cierto que muchos de los abusos que han cometido los agentes del orden público a través de las décadas han ocasionado, comprensiblemente, que la mayoría del pueblo sienta gran «desconfianza en la autoridad.»[cxlvi]

Ahora bien, cuando la *Policía de Puerto Rico* actúa bien, irresponsablemente, muchos medios de comunicación no lo reconocen ni lo aplauden. Lo que es, por decir lo menos, una aberración periodística. Puesto que los medios de comunicación se olvidan de que un buen periodismo no sólo es cuestión de publicar lo negativo, también es necesario publicar lo positivo.

Por eso es que nos causa grima observar que la mayoría de los medios de prensa, alejándose de los cánones de ética del periodismo, critican ferozmente el trabajo policial cuando dicho trabajo se hace de una manera correcta.

De hecho, debe saberse que el desdén que sienten muchos empleados de los medios de comunicación hacia el trabajo policial es tan fuerte que, descaradamente, en los casos en donde los agentes han utilizado su derecho a la legítima defensa de manera legal y adecuada no es nada extraño que algunos reporteros tilden a los agentes, ya sea directa o indirectamente, de asesinos y/o abusadores.

Por otro lado, otro asunto que demuestra el gran desquicio que hay dentro la sociedad civil puertorriqueña, es que la inmensa mayoría de los puertorriqueños no hacen casi nada para mejorar su sistema educativo, especialmente el sistema educativo público y escolar.

Valga saber que dicho sistema educativo es tan deficiente que cualquier extranjero de inteligencia promedio esperaría, luego de enterarse del desastre educativo, que los boricuas lleven tiempo levantándose de sus cómodas camas para realizar protestas incesantes y numerosas en aras de que los corruptos e ineficientes políticos realicen acciones en beneficio de dicho sistema. Pero eso no ha sido así.

Por décadas, como hemos mencionado, el sistema educativo público ha sido un desastre y la inmensa mayoría de los boricuas no han hecho nada para mejorarlo. Y dicho desastre educativo ha llegado al nivel de que el *Departamento de Educación de Puerto Rico*, descaradamente, ha tomado la decisión de discriminar en contra de los estudiantes de educación especial. Lo que demuestra, indudablemente, que la inmensa mayoría de los funcionarios públicos de alta jerarquía llevan décadas considerado a los estudiantes de educación especial como personas de segunda categoría.

La mejor prueba sobre lo antes mencionado es que el corrupto e ineficiente *Gobierno de Puerto Rico*, en perjuicio de los contribuyentes, ha tenido que pagar innumerables multas millonarias que le han sido impuestas por el *Gobierno de los Estados Unidos de América* por tratar como ciudadanos de segunda categoría a los estudiantes de educación especial. Una comunidad escolar que, para que quede claro, «está compuesta por 1 de cada 8 estudiantes.»[cxlvii]

Otro asunto que demuestra el desquicio y la aberración intelectual que impera dentro del sistema público escolar, es que ese politizado y despreocupado sistema considera que los estudiantes ejemplares son: (1) los que no preguntan; (2) los que no molestan a los maestros; (3) los que van a sus salones a memorizarse las informaciones recibidas; y (4) los que apoyan las metodologías educativas que están basadas en la mera recepción de informaciones manipuladas.

Es indudable que lo antes mencionado es una gran atrocidad y, sobre todo, un asunto que está bien lejos de las nuevas doctrinas educativas. Al parecer, la mayoría de los maestros y administradores del sistema escolar no se han percatado de que las nuevas doctrinas educativas establecen: (1) que «los estudiantes de hoy no desean ser receptores pasivos de información»;[cxlviii] y (2) que los estudiantes de hoy, especialmente los adolescentes, tienen sed de conocimientos y, sobre todo, deseos de ser copartícipes en sus procesos de enseñanza.

¿Verdad que lo antes discutido fue impactante? Pues bien, ahora van a ver que el desquicio dentro del sistema educativo puertorriqueño se convierte, en muchísimas ocasiones, en un asunto bien perverso, casi llegando a libreto de película de horror. Decimos eso porque es común que muchos educadores del sistema público escolar se pasen catalogando como estudiantes problemáticos: (1) a los estudiantes preguntones; y (2) a los estudiantes que se pasan criticando los aburridos procesos de enseñanza.

Sin contar que están los alocados maestros que, por sentirse molestos con los estudiantes mencionados, se conviertan en unos *"especialistas"* «de conducta diagnosticando sin la preparación y, en algunos casos, recomendando medicación»: (1) en contra de los niños preguntones; (2) en contra de los niños que muestran grandes aburrimientos dentro de los salones de clases; y (3) en contra de los estudiantes que critican, respetuosa o irrespetuosamente, las aburridas técnicas de enseñanza de los maestros.[cxlix]

Siguiendo con el asunto del desquicio educativo, valga saber que otra incomprensible conducta dentro del sistema educativo puertorriqueño es que dicho sistema lleva muchísimos años, en grave perjuicio del bienestar psicosocial de la isla, graduando a jovencitos que tienen pésimas destrezas de pensamiento lógico y crítico.

Por eso es que muchos de nuestros jóvenes, al igual que muchos adultos, son fácilmente seducidos por personas listas y maliciosas que buscan beneficiarse de la idiotez social. Y por eso es que no es extraño ver que la isla de Puerto Rico esté llena de buscones y ladrones, como son todos los pastores y políticos vividores, que ganan buen dinero cogiendo de pendejos a gran cantidad de boricuas.

Ahora bien, muchas veces hemos profundizado en lo antes dicho y hemos llegado a la conclusión de que «la mayoría del país ha sido educativamente inutilizada a propósito...».[cl] Nos explicamos.

Los políticos del patio, que en su inmensa mayoría son personas bien listas y sagaces, saben que si el sistema educativo público se mejora enormemente, al punto de que a los estudiantes se les enseñe desde temprana edad a desarrollar un buen pensamiento crítico, lógico y malicioso: (1) las posibilidades de que la partidocracia domine el ambiente político serían bajas; (2) las posibilidades de que políticos mediocres y vagos salgan electos serían mínimas; y (3) las grandes injusticias económicas y sociales, como los grandes beneficios económicos para los amigotes y/o las amantes de los políticos, no pasarían desapercibidas por la ciudadanía. Sin contar que también saben que lo anterior provocaría, con gran facilidad, protestas, huelgas y acciones concertadas por parte de la ciudadanía.

Como se ve, es indudable que en todos los países del mundo, y en especial en las democracias consumistas, los políticos salen beneficiados si los sistemas educativos son deficientes y basados en la mera memorización de datos obsoletos y manipulados. Ahora bien, ¿saben quiénes también se benefician si los sistemas educativos de los países son obsoletos? Los ricos y poderosos que controlan las riendas del mundo. Nos explicamos.

Si los sistemas educativos de los países son obsoletos y anticuados, en donde a los jóvenes no se les enseña a tener pensamientos críticos y maliciosos, ni se les enseña a analizar adecuada y sospechosamente las realidades políticas y sociales de sus entornos, es altamente probable que dichos jovencitos entren a la adultez con grandes dosis de "pendejismo" y, sobre todo, sin darse cuenta de que los ricos que controlan las riendas del mundo, que tienen un increíble poder hegemónico, llevan décadas imponiendo «sus criterios.»[cli]

Otro asunto nefasto sobre la inutilidad intelectual que provoca la educación pública y escolar en Puerto Rico, es que muchísimos jovencitos entran a la adultez con una mente tan débil que, para su desgracia, son fácilmente impresionables, especialmente por las manipuladas y muchas veces falaces informaciones que se transmiten a través de los medios de comunicación. Pero lo más nefasto de todo eso es, lamentablemente, que muchos de esos jovencitos siguen enormemente embrutecidos durante toda su adultez, incluyendo durante su ancianidad.

Por eso es que en Puerto Rico ocurre una situación bien nefasta para la sociedad, a saber, que de manera constante «la no verdad se convierte en lo cierto, porque lo ha expresado alguien con acceso a los medios informativos, con presencia de autoridad.»[clii]

Siguiendo con el asunto de la inutilidad de la educación escolar que se imparte en Puerto Rico, no podemos dejar pasar esta oportunidad para manifestar que el sistema educativo falla en un asunto bien importante, a saber, enseñarle sobre temas sociológicos a los menores, particularmente sobre temas crudos y verídicos sobre lo que van a tener que enfrentar durante la adultez.

Uno de los temas que más hace falta que se discuta en el sistema escolar, y que se discuta de forma cruda y dura, tiene que ver con el asunto de la sexualidad humana. Decimos eso por razón de que la mayoría de los niños puertorriqueños son bien brutos sobre ese tema. Y eso no es nada extraño, puesto que si uno analiza el sistema educativo puertorriqueño uno puede ver que la educación sexual, que es un asunto tan importante como las matemáticas, es una cuestión casi inexistente en las escuelas del país.

Y en los centros de enseñanza en donde se enseña educación sexual, lamentablemente, se hace con mucho cuidado y de una manera inadecuada. Por eso no es extraño ver que muchos niños de Puerto Rico, una vez llegan a la adolescencia, comienzan a fastidiar sus vidas con relaciones sexuales irresponsables y peligrosas.

De hecho, para que usted vea que el sistema educativo y que los progenitores no están educando adecuadamente a los menores sobre temas sexuales, tenemos que mencionar un estudio que realizó el **Departamento de Salud de Puerto Rico**. ¿Saben por qué? Porque dicho estudio demostró, en lo pertinente, que la educación sexual es tan deficiente: (1) que nuestros niños están teniendo sexo a edades más tempranas; y (2) que en la isla hay un «alto número de adolescentes» que, por estar chingando y pensando en espermas, bichos, chochas, tetas, corridas y nalgas, cargan con enfermedades de transmisión sexual.[cliii]

Pero lo antes dicho no es la única evidencia que demuestra que la educación sexual en Puerto Rico es una mierda. Otra buena prueba es el hecho de que uno puede ver que por ahí hay un montón de mocosas, casi siempre solas o con los amantes de turno, criando «a dos o tres muchachos que han parido años atrás, recién salidas de la infancia (…). Son mujeres que no estudian ni trabajan, ni tienen muchas posibilidades de despegar del barro.»[cliv]

Por otro lado, otro asunto que se les debe enseñar a los niños en aras de que combatan las enormes informaciones embrutecedoras que reciben desde temprana edad, es que no tienen la obligación de casarse. También se les debe enseñar que el matrimonio: (1) no es un asunto que otorgue felicidad y paz; y (2) es uno de los principales destructores de metas y sueños. Sin contar que los niños también deben ser instruidos sobre el hecho de que «esperar del matrimonio amor, deseo y una familia feliz es casi pedir lo imposible.»[clv]

La idea de ese tipo de enseñanza, que se debe impartir en los cursos sociológicos que hemos manifestado antes, es destruir todos esos cuentos de hadas que los niños aprenden desde temprana edad sobre el amor y el matrimonio. De manera que no decidan joder sus vidas desde tempranas edades y, sobre todo, que no terminen: (1) criando muchachitos no deseados; ni (2) criando muchachitos en momentos en donde no tengan los recursos mentales y económicos adecuados.

Es indudable que urge que en Puerto Rico se imparta ese tipo de enseñanza, puesto que está demostrado que el matrimonio se ha convertido, especialmente entre los miembros de las clases pobres y trabajadoras, en infiernos domésticos en donde lo más que abundan son las tensiones, los dolores de cabeza y, sobre todo, las tristezas y las amarguras.

Sin contar que está demostrado que en el Puerto Rico de estos tiempos, en donde se ama muchísimo la libertad, el matrimonio se ha convertido: (1) en una institución anticuada y condenada al fracaso; y (2) en una institución que lo que hace es imponerle cadenas intelectuales, sociales y familiares a las personas.

Nótese que manifestamos antes que en Puerto Rico, en donde la mayoría de los ciudadanos son consumistas y borrachones, la institución del matrimonio es un asunto fallido. ¿Saben por qué indicamos eso? Porque los puertorriqueños que se casan tienen enormes probabilidades de terminar divorciados.

Y esas posibilidades son tan enormes que, para bochorno de los líderes religiosos que fomentan ese tipo de unión, en Puerto Rico está ocurriendo un asunto bien curioso, a saber, la cantidad de los divorcios es casi idéntica a la de los matrimonios. De hecho, para que usted tenga una idea más clara sobre eso, debe saber que se estima que cada año «se celebran 17 mil matrimonios, mientras que hay 15 mil divorcios.»[clvi]

Por último, valga saber que otra aberrante conducta de la sociedad puertorriqueña está relacionada con engaños y corrupción. Como mencionamos antes, en Puerto Rico se cometen un montón de actos fraudulentos y engañosos en contra del Gobierno y en contra de las empresas privadas.

Pues bien, al parecer, gran cantidad de boricuas están tan embrutecidos que piensan: (1) que sus engaños y fraudes no tienen perjuicios severos en contra de sus víctimas; y (2) que sus engaños no tienen consecuencias en contra de los ciudadanos responsables.

¿Y por qué indicamos que pensar lo anterior es señal de embrutecimiento? Por motivo de que todo el mundo sabe, por lo menos los pensantes y las personas responsables, que cometer actos fraudulentos en contra del Gobierno y/o en contra de las empresas privadas les ocasionan grandes pérdidas económicas al Gobierno y a las empresas privadas.

Pero lo más que demuestra el elevado grado de embrutecimiento por parte de los cientos de miles de boricuas que ejecutan fraudes y engaños en contra del Gobierno y en contra de las empresas privadas, es que esas personas se olvidan de que sus acciones fraudulentas, posteriormente, les rebotan en sus propias caras.

¿Saben por qué? Porque el Gobierno de Puerto Rico y las empresas privadas, al ser víctimas constantes de actos fraudulentos, tienden a aumentar los costos de los bienes y/o servicios que ofrecen. Sin contar que las enormes pérdidas económicas que sufren también ocasionan que, en muchas ocasiones, se ofrezcan servicios bastante mermados.[clvii]

Capítulo cinco
Criadero de adictos

I. Alcohólicos y ludópatas

Todo el mundo sabe que la *ludopatía*, que es una adicción bien fuerte, «consiste en una alteración progresiva del comportamiento por la que un individuo siente una incontrolable necesidad de jugar, menospreciando cualquier consecuencia negativa.»[clviii] También sabemos que la adicción a los juegos tiene enormes costos sociales y personales, puesto que muchos adictos a los juegos presentan «cambios en el estado de ánimo, problemas de relación, absentismo laboral, violencia doméstica y bancarrota.»[clix]

Pues bien, valga saber que la isla de Puerto Rico, con sus casinos y sus juegos clandestinos, se ha convertido en un gran productor de adictos a los juegos de azar. Decimos eso por motivo de que un estudio que realizó el **Departamento de Hacienda de Puerto Rico** demostró, desgraciadamente, que por las calles de la isla hay poco más de «272,640» personas que tienen serios problemas con los juegos de azar, ya sean legales o ilegales.[clx]

Con eso en mente, no está de más recordar que esa enorme cantidad de adictos ha posicionado a Puerto Rico a la cabeza de la lista de los países que se pasan produciendo adictos a los juegos de azar. De hecho, varios análisis han dejado muy claro que «Puerto Rico comparte con Nueva Zelandia y Australia la posición más alta de jugadores patológicos del mundo.»[clxi]

Por otro lado, es harto conocido que el alcohol es una droga tan poderosa que, contrario a la creencia popular, «es una de las sustancias que más comúnmente genera adicción.»[clxii] Y dicho potencial de crear adicción es tan potente que, para desgracia del mundo, millones de personas se han convertido en alcohólicas con el pasar del tiempo.

No es inapropiado mencionar aquí que el «alcoholismo es una grave enfermedad que hace que una persona no pueda dejar de beber. Esta situación genera una dependencia psicológica y física del alcohol así como una creciente tolerancia al mismo...».[clxiii]

Debe, además, recordarse que el alcohol es una de las drogas más peligrosas y dañinas que existe. Decimos eso por razón de que el alcohol: (1) tiene una enorme capacidad de matar personas, especialmente cuando se consume de forma exagerada; y (2) tiene un enorme potencial de ocasionar serios daños a la salud, en especial cuando se consume de forma exagerada.

Sobre el punto número dos antes mencionado, no está de más recordar que hay muchísimos análisis científicos que certifican que «el consumo excesivo de alcohol, especialmente con el correr del tiempo, puede provocar (…) hipertensión arterial, miocardiopatía alcohólica, insuficiencia cardíaca congestiva y accidentes cerebrovasculares.»[clxiv]

Y para los que duden sobre lo acabado de mencionar, les exhortamos a que vayan al Reino Unido a visitar la tumba de *Amy Winehouse*, una afamada cantante que nació en el país mencionado. Valga saber que enviamos a los incrédulos a dicho lugar por razón de que esa cantante, que al momento de morir tenía veintisiete años de edad, murió por razón de que abusó del alcohol. De hecho, la autopsia que le realizaron a la cantante demostró que la cantidad de alcohol en el organismo de dicha adicta «superaba en cinco veces el nivel tolerado para conducir, sobrepasando incluso la dosis considerada letal.»[clxv]

Además de eso, para corroborar lo que hemos estado discutiendo también se le podría echar una miradita a un análisis que realizó la

Organización Mundial de la Salud. Puesto que los hallazgos de dicho análisis demostraron, para consternación de los bebedores sociales: (1) que todos los años cerca de dos millones y medio de personas mueren «por causas relacionadas al consumo de alcohol»; y (2) que el consumo de alcohol, particularmente sus consecuencias sociales y físicas, son las principales causas «de mortalidad de hombres entre los 15 y 59 años.»[clxvi]

Dicho eso, ahora debemos mencionar que Puerto Rico también se distingue por crear borrachos y borrachinas. Por eso es que la cantidad de alcohólicos que hay en la isla es extremadamente alarmante. Y decimos alarmante por razón de que un estudio que realizó la *Administración de Servicios de Salud Mental y Contra la Adicción de Puerto Rico* (ASSMCA), y que fue dado a conocer durante al año 2002, demostró que en la isla había cerca de doscientos mil adultos que abusaban del alcohol, mientras que unos ciento veintitrés mil boricuas eran adictos al alcohol.[clxvii]

Pero esa data es del año 2002. Valga saber que en el año 2010 la *Administración de Servicios de Salud Mental y Contra la Adicción de Puerto Rico* (ASSMCA) actualizó la data sobre el alcoholismo en Puerto Rico. Y los resultados de dicha actualización fueron, por decir lo menos, bien sorprendentes y negativos. Decimos eso por razón de que dicho análisis demostró que «350.000 personas, un 12,1 por ciento de la población de Puerto Rico, abusa del alcohol, mientras que otras 140.000, el 4,8 por ciento, son dependientes.»[clxviii]

Pero lo dicho también se puede considerar alarmante por motivo de que muchísimos de los boricuas que consumen alcohol de manera social, para desgracia de sus familiares, terminan convirtiéndose en unos descontrolados alcohólicos, lo que ocasiona que la lista de alcohólicos aumente todos los años.

Decimos eso por razón de la evidencia científica demuestra que cuando el consumo de «alcohol se vuelve un hábito, se requieren mayores cantidades para conseguir el mismo efecto.»[clxix] Y en la medida en que los borrachones sociales van aumentando las cantidades de alcohol, el alcoholismo se va apoderando de sus vidas.

Pero lo más trágico del asunto del alcoholismo en Puerto Rico, es que nuestros niños y adolescentes: (1) consumen mucho alcohol; (2) cada vez comienzan a beber desde edades más tempranas; (3) casi siempre son inducidos a beber alcohol, contrario a la creencia popular, por sus propios familiares cercanos; y (4) creen que consumir alcohol durante la adultez es una conducta normal y buena.

Siguiendo esta tónica, valga saber que los niños y jóvenes puertorriqueños están tan enganchados con el alcohol que, además de que se estima que el cincuenta por ciento de los adolescentes han consumido dicha potente droga, un estudio realizado por la *Administración de Servicios de Salud Mental y Contra la Adicción de Puerto Rico* (ASSMCA) demostró, en lo pertinente, que el alcohol es —por encima del tabaco— la droga que «más están utilizando y abusando nuestros niños y jóvenes.»[clxx]

En fin, hay que tener en cuenta que el consumo de alcohol por parte de nuestros menores de edad es una cuestión tan alarmante y preocupante que, y téngase muy presente, muchos expertos en la conducta humana —particularmente expertos que trabajan en la *Administración de Servicios de Salud Mental y Contra la Adicción de Puerto Rico* (ASSMCA)— han catalogado dicha problemática «como un problema serio de salud mental entre esta población.»[clxxi]

Nótese que indicamos antes que la sociedad puertorriqueña es tan irresponsable que, regularmente, son los familiares cercanos de los menores de edad los que les exhortan y permiten tener sus primeras experiencias con el alcohol. Pues bien, valga saber sobre ese asunto que en Puerto Rico hay tantos adultos irresponsables y cabrones que, olvidándose del mejor bienestar de los menores de edad, ven con buenos ojos que sus hijos menores de edad, especialmente si dichos menores han llegado a la adolescencia, tomen «una copa de vino o que cojan un sorbo de alguna bebida.»[clxxii]

Basado en lo anterior, debe saberse que la inmensa mayoría de los menores de edad que consumen alcohol en Puerto Rico: (1) comienzan a tomar alcohol a los doce años de edad —aunque hay muchos que comienzan mucho antes—; (2)

terminan siendo esclavos de las bebidas embriagantes durante su adultez —es decir, terminan convirtiéndose en alcohólicos durante la adultez—; y (3) tienden a tener sus primeras experiencias con el alcohol en «fiestas y actividades familiares.»[clxxiii]

Sobre el punto número dos señalado, valga saber que eso no es nada extraño. ¿Saben por qué? Por motivo de que está demostrado que una vez los menores de edad le cogen el gustito al alcohol y se convierten en bebedores ocasionales, «luego tienen problemas para zafarse» del alcohol.[clxxiv]

Es indudable que lo que hemos estado mencionando es demostrativo de que los adultos que permiten que los menores de edad consuman alcohol frente a sus narices son, además de unos cabrones e imbéciles, los principales creadores: (1) de alcohólicos; (2) de tomadores sociales; y (3) de asesinos que matan al conducir vehículos de motor bajo los efectos de bebidas embriagantes.

Debe notarse que dijimos que los adultos que permiten que sus hijos menores de edad tomen alcohol son unos imbéciles. ¿Saben por qué indicamos eso? Porque si un progenitor o un familiar de un menor de edad permite que este último consuma alcohol, dicho adulto está cometiendo un sinnúmero de violaciones morales y, sobre todo, el delito de maltrato a menores de edad.

También expresamos lo anterior por razón de que permitir lo anterior es, particularmente si es permitido por los progenitores de los menores de edad, demostrativo de que dichos encargados están tan embrutecidos que piensan que las bebidas alcohólicas no les ocasionarán daños a los muchachitos.

Pero eso, como sabe toda persona informada, no es así. Puesto que el alcohol le causa significativos daños al cuerpo y a la mente, especialmente al cuerpo y a la mente de los menores de edad. De hecho, hay muchísimas investigaciones científicas que han demostrado que el alcohol le ocasiona serios daños al cerebro de los menores de edad, al punto de que le ocasiona graves lesiones cerebrales.[clxxv]

Lo que es más, el alcohol es tan dañino para los cuerpos de los menores de edad que todos los años, y esto es a nivel mundial, hay cientos de miles de niños que tienen que ser hospitalizados como consecuencia directa del abuso del alcohol, sin contar que hay otros miles que termina muertos.

Esto último que acabamos de mencionar nos ha hecho recordar que el «abuso del alcohol entre menores en Estados Unidos de América resulta en casi 3, 200 muertes al año, cuatro veces más que las muertes causadas por el uso de todas las drogas ilegales en conjunto.»[clxxvi]

Debe notarse que manifestamos que los menores de edad que comienzan a tomar alcohol desde temprana edad tienen enormes posibilidades de convertirse en personas que maten, mutilen y/o golpeen a personas al conducir bajo los efectos de bebidas embriagantes. Pues bien, valga saber que expresamos eso por razón de que hay muchísimos estudios que certifican que la inmensa mayoría de los conductores ebrios que se pasan matando personas y/o que mueren al conducir vehículos de motor en estado de embriaguez, comenzaron a consumir alcohol durante su minoridad de edad.[clxxvii]

Por último, entendemos que no podemos dejar pasar esta oportunidad para comentar sobre otro interesante asunto que está relacionado con el alcohol. Lo que vamos a decir es que a nivel mundial, como es sospechado por muchos, hay más alcohólicos que alcohólicas. Las razones para ello son variadas, pero las dos que tienen más peso son: (1) la que está relacionada con la cultura; y (2) la que está relacionada con aspectos biológicos.

Sobre la primera razón, todos sabemos que a nivel mundial las sociedades les exigen mucho a las mujeres. Desde obligaciones para con los hijos hasta deberes domésticos, el mundo espera que las mujeres estén en buen estado mental para que cumplan a cabalidad con los deberes que socialmente les han sido impuestos. Por eso es que la inmensa mayoría de las mujeres, al tener que cumplir con tantas tareas, no tienen el tiempo ni el dinero para estar emborrachándose por ahí.

Sobre la causa biológica, valga saber que a nivel mundial hay más alcohólicos que alcohólicas por motivo de que el cerebro de las mujeres, que es muy superior al cerebro de los hombres, reacciona de una mejor manera ante la presencia del alcohol en la sangre. De hecho, se sabe que el cerebro de las mujeres libera menos dopamina —la dopamina es una sustancia que está relacionada con sensaciones de placer y recompensa— cuando el alcohol es consumido y llega al cerebro. Y todo eso ocasiona que el cerebro de las mujeres encuentre menos placentero el consumo de alcohol.[clxxviii]

Es indudable que esto que hemos estado discutiendo podría explicar, desde una perspectiva psicológica y cultural, las razones por las cuales a nivel mundial hay más borrachos que borrachas. Ahora bien, aunque en el mundo hay más alcohólicos que alcohólicas, la realidad es que Puerto Rico se distingue por crear enormes cantidades de consumidoras de alcohol. Decimos eso por razón de que en la isla, contrario a la creencia popular, la cantidad de consumidores de alcohol es casi idéntica entre hombres y mujeres.[clxxix]

Y si eso resulta sorprendente, más sorprendente es saber que en ocasiones las mujeres puertorriqueñas han superado a los hombres en el consumo del alcohol.

Un buen estudio que demuestra eso fue uno que realizó la *Administración de Servicios de Salud Mental y Contra la Adición* (ASSMCA) sobre el uso de drogas «en las escuelas públicas y privadas entre 2005 y el 2007. El estudio concluyó que el 48.8% de las niñas informaron que habían consumido alcohol, superando a los varones, quienes en un 47.3% respondieron en la afirmativa.»[clxxx]

II. Delincuentes embriagados

Discutido lo anterior, ahora tenemos que decir que la sociedad puertorriqueña también se distingue por crear criminales que adoran cometer fechorías, entre ellas agresiones y muertes intencionadas, bajo los efectos del alcohol. Decimos eso por razón de que en la isla son exageradamente comunes: (1) las muertes en las carreteras por causa de borrachos cabrones y pendejos; y (2) las peleas, los choques, los insultos y las griterías que son ejecutadas por borrachos y borrachas.

Abundando sobre el punto número uno antes señalado, tenemos que decir que «el problema de las muertes en las carreteras por causa de conductores ebrios ha alcanzado dimensiones alarmantes...».[clxxxi] Y ha alcanzado dimensiones alarmantes por motivo de que poco más del cincuenta por ciento de las muertes que ocurren en las carreteras del país, ya sea en choques entre carros o en accidentes en donde hay transeúntes envueltos, son ocasionadas por conductores ebrios.[clxxxii]

Dicho eso, no está de más recordar que la situación con los conductores ebrios es tan alarmante que, desgraciadamente, la sociedad puertorriqueña ha alcanzado fama internacional y nacional como gran productora de conductores ebrios e irresponsables. De hecho, a nivel nacional e internacional abundan las referencias que comentan y/o discuten dicho asunto.

Un buen ejemplo sobre eso proviene de los Estados Unidos de América. Allí, durante el año 2007, la *Administración Federal de Seguridad en las Carreteras* publicó un estudio que indicó que el índice de fatalidades en las carreteras de Puerto Rico por causa de conductores ebrios fue, trágicamente, el doble que el que se reportó a nivel nacional, es decir, en los Estados Unidos de América. Pero ésa no fue la única data interesante de dicho estudio, puesto que también reveló que el índice de fatalidades en Puerto Rico fue «tres veces más alto que el de Nueva York y Nueva Jersey...».[clxxxiii]

Dicho eso, creemos que es pertinente señalar que los habitantes de Puerto Rico son tan buenos creando personas cabronas e irresponsables que adoran conducir bajo los efectos de bebidas embriagantes, que todos los años los policías de Puerto Rico intervienen con poco más de veinticinco mil conductores ebrios.

Lo que coloca a Puerto Rico en la lista de las jurisdicciones estadounidenses en donde más conductores son detenidos por guiar borrachos y/o endrogados.[clxxxiv] Sin contar que esa enorme cantidad de intervenidos supera, y por mucho, las cifras que se reportan en muchos países extranjeros.

Así, por ejemplo, un análisis comparativo que se realizó durante el año 2007 demostró, increíblemente, que «en España se interviene con 4 choferes borrachos por cada 1,000 conductores. En Puerto Rico es más del doble: se detienen a 10 de cada 1,000.»[clxxxv]

Llegados a este punto de la discusión, nos imaginamos que muchas personas se estarán preguntando por qué Puerto Rico se distingue por crear borrachones que adoran cometer las fechorías señaladas. Es indudable que podríamos plasmar un sinnúmero de razones, pero únicamente vamos a analizar dos de ellas.

La primera razón nos dice que la mayoría de los habitantes de Puerto Rico: (1) adoran consumir alcohol; (2) han clasificado el alcohol como una droga socialmente aceptable; y (3) no encuentran que sea malo emborracharse.

Y no está de más recordar que la aceptación social del alcohol es tan elevada —y también podríamos decir que el alcoholismo es bien elevado en Puerto Rico— que uno puede ver que muchísimas reuniones y fiestas, incluso fiestecitas que están destinadas para los menores de edad, se celebran con fuertes cantidades de bebidas alcohólicas.[clxxxvi]

Pero el enfermizo amor que sienten los habitantes de Puerto Rico hacia el alcohol se demuestra, mayormente, cuando vemos que Puerto Rico es uno de los principales países en donde los ciudadanos gastan más dinero en alcohol que en ciertos tipos de alimentos.

Decimos eso por razón de que un estudio que realizó el *Departamento del Trabajo y Recursos Humanos de Puerto Rico* demostró, increíblemente, que durante el año 2007 los puertorriqueños gastaron en la compra de bebidas alcohólicas «$572.6 millones anuales, mientras que en la compra de frutas y vegetales (…) $532.9 millones al año, y en la de lácteos, $509.2 millones.»[clxxxvii]

La otra razón que puede explicar las causas por las cuales en Puerto Rico hay muchos criminales que cometen fechorías bajo los efectos del alcohol, guarda relación con los poderosos efectos que tiene el alcohol sobre el cerebro de los seres humanos. Sobre eso, recordemos hay muchísimos estudios y análisis que han demostrado que el alcohol: (1) hace que las personas se tornen irresponsables; y (2) ocasiona «desinhibición, pérdida de control emocional, ruptura de códigos ético-morales y de las buenas costumbres de convivencia.»

Y todo eso, incuestionablemente, facilita que muchísimos bebedores incurran en actuaciones violentas y, sobre todo, que ejecuten acciones que demuestren un grave menosprecio por la vida y la seguridad de otras personas.[clxxxviii]

Con lo anterior en mente, no está de más señalar que «la proclividad a la violencia influenciada por la ingestión de bebidas alcohólicas se puede producir tanto en un bebedor ocasional en estado de embriaguez como en el estado habitual de un dependiente alcohólico.»[clxxxix]

Por eso es que en Puerto Rico uno puede ver: (1) que muchísimos de nuestros estudiantes universitarios, que la mayoría de ellos son bebedores ocasionales, se enfrascan en peleas y griterías en bares y en centros de entretenimiento; y (2) que muchos de nuestros adolescentes, particularmente los que se han convertido en bebedores ocasiones, constantemente presentan problemas de conducta en las escuelas y en los hogares.

Por último, antes de cerrar esta parte del libro debemos hacer una aclaración. Todo el mundo sabe que los adictos a las drogas —como los alcohólicos, los fumadores habituales y los usurarios habituales de drogas ilegales y callejeras— son, como regla general, unas personas que están mentalmente enfermas. Por lo que no deben ser clasificadas, por el mero hecho de ser adictas, como criminales.[cxc]

También es de conocimiento público, por lo menos por los estudiosos de los asuntos criminológicos, que uno puede saber cuál es el nivel de alcoholismo que tiene un país al analizar las estadísticas: (1) sobre intervenciones policiales con conductores ebrios; (2) sobre accidentes automovilísticos causados por borrachos; y (3) sobre las muertes en las carreteras que son causadas por conductores ebrios.[cxci]

Pues bien, debe tenerse en cuenta que los conductores que conducen ilegalmente vehículos de motor bajo los efectos de drogas no deben ser tratados como meros enfermos.

Si uno analiza con gran profundidad la situación de esas personas, uno puede llegar a la conclusión de que son unos peligrosos criminales: (1) que necesitan ser encarcelados; y (2) que necesitan recibir tratamientos especializados mientras estén en las cárceles, en aras de que paguen por sus delitos y, sobre todo, en aras de que puedan derrotar las adicciones que les afectan.

¿Y por qué esos conductores deben ser, primordialmente, tratados como criminales?

Por motivo de que dichos conductores saben, especialmente por razón de que han visto las innumerables campañas y noticias que hablan sobre los conductores que guían ilegalmente bajo los efectos de drogas, que guiar ilegalmente bajo los efectos de drogas es una peligrosa conducta criminal: (1) que pone su propia vida en peligro; y (2) que pone en peligro la vida y la propiedad de otras personas.[cxcii]

Capítulo seis
Criadero de niños brutos y perturbados

I. Niños brutos y perturbados

Como sabemos, para que un país tenga un buen desarrollo sostenible es indispensable: (1) que tenga una sociedad que tenga una buena salud mental; y (2) que cuente con un buen sistema educativo, en donde se les permita a los niños y a los adolescentes estudiar, soñar y desarrollar al máximo posible sus potenciales intelectuales. Por eso estamos de acuerdo con la ***Organización Mundial de la Salud*** cuando dice, en lo pertinente, que «la salud mental es fundamental para el bienestar general de las personas, de las sociedades y de los países.»[cxciii]

Pues bien, tenemos que decir que Puerto Rico tiene pocas posibilidades de tener un buen desarrollo social. Decimos eso por razón de que el *Gobierno de Puerto Rico* y la sociedad civil puertorriqueña se han encargado de convertir a Puerto Rico en un estercolero social que se distingue: (1) por fastidiar la salud mental de sus habitantes; (2) por crear niños brutos; (3) por brindarle a sus ciudadanos una educación pésima; (4) por brindarles ejemplos pésimos a los jóvenes; (5) por enseñarle a los ciudadanos, especialmente a los menores de edad, que la violencia es una buena forma de resolver muchas de las problemáticas de la vida; y (6) por haber convertido la educación universitaria en un asunto *cuasi* innecesario.

Sobre el punto número uno antes indicado, valga saber que expresamos eso porque «entre suicidios, agresiones, asesinatos, fricciones entre ciudadanos, incumplimientos de compromisos e inobservancia del comportamiento civil elemental, se dibuja una comunidad insular afectada emocionalmente.»[cxciv] Y una sociedad que esté tan jodida de la mente no puede, bajo ningún concepto, progresar ni brindarles un futuro esperanzador a los menores de edad.

Por su parte, sobre la cuestión de que la educación es un asunto indispensable para que un pueblo tenga un desarrollo sostenible, tenemos que decir que el futuro de Puerto Rico no es muy esperanzador. Puesto que la educación pública, así como la educación informal, están a nivel de chatarra.

Y dicho nivel de chatarra es tan bajo que, para consternación de los patrioteros, los sistemas educativos de Puerto Rico –tanto el formal como el informal– se han convertido en una gran fábrica de idiotas. Pero que quede claro que no es en una fábrica de idiotas cualesquiera, sino en una fábrica de idiotas peligrosos y fuleros que, lamentablemente, no quieren ni pueden: (1) contribuir con el desarrollo del conocimiento científico; ni (2) contribuir con el desarrollo de las letras.

Dicho eso, ahora vamos a discutir las razones por las cuales expresamos que la educación pública y convencional en Puerto Rico es una mierda. Comenzamos diciendo que la educación pública es tan mierda que, para consternación de los jovencitos, la inmensa mayoría de los maestros son bien aburridos a la hora de impartir sus clases.

De hecho, es increíble saber que la inmensa mayoría de los maestros que trabajan en las escuelas públicas del país «enseñan de la misma manera que lo hacían años atrás, donde la tecnología no había alcanzado el sitial que tiene hoy día.»[cxcv]

Pero esto del asunto del aburrimiento escolar sigue, puesto que los planes de estudios —que regularmente son hechos por unos viejos y viejas que se criaron en otras épocas y que lo más que desean es cobrar sus chequecitos quincenales— son «poco atractivos» para los estudiantes.[cxcvi]

Y eso es una crasa violación a sus deberes como administradores escolares, puesto que los nuevos datos científicos que están relacionados con las metodologías de enseñanzas establecen, en lo pertinente, que si se desea retener a la mayor cantidad de estudiantes y crear jóvenes bien educados y motivados, los administradores del sistema escolar tienen que tomar en cuenta los intereses de los estudiantes y «hacerle la escuela más interesante al estudiante.»[cxcvii]

Por eso es que abundan las quejas de nuestros estudiantes de que la escuela no les atrae y sobre el hecho de que los administradores del sistema educativo no toman en cuenta sus intereses. Pero lo más alarmante sobre el aburrimiento escolar dentro de las escuelas públicas del país, es que cada vez dichas quejas surgen a edades más tempranas. Por eso es que «cada vez es más común escuchar estudiantes de nivel elemental decir que la escuela les aburre, [y que] no se sienten motivados…».[cxcviii]

Dicho eso, ahora tenemos que decir que el sector público de Puerto Rico está en severa crisis, al punto de que la mediocridad abunda en todas las agencias gubernamentales. Y dicha mediocridad es tan abundante que, para consternación de todos, «nunca en nuestra historia se había visto tanta mediocridad como la que vemos ahora.»[cxcix]

Es indudable que eso es bien lamentable. ¿Saben por qué? Porque en un pasado, a pesar de que nuestros empleados públicos estaban peor pagados y tenían menos niveles de educación, eso no era así.

Pues bien, valga saber que esos enormes niveles de mediocridad en el sector público también están muy arraigados en el magisterio, al punto de que uno puede ver que hay muchísimos maestros que tienen una gran «falta de compromiso (…) con su labor.»[cc]

Y dicha falta de compromiso es tan mala que, tristemente, uno puede ver que hay un montón de maestros que se han hecho aliados de la mediocridad, al punto de que:

(1) no dominan sus áreas de enseñanza;

(2) se molestan si los estudiantes les realizan muchas preguntas; y

(3) no toman en cuenta los intereses de los estudiantes.

Pero está cuestión de la mediocridad en el magisterio de Puerto Rico ha llegado al nivel de que por ahí hay un montón de maestros que, por culpa de la partidocracia y del panismo político que permite que se contraten personas incompetentes en el sector público, no saben ni «expresarse correctamente en español, nuestro vernáculo.»[cci]

También hay que apuntar que en Puerto Rico hay muchos maestros que son tan mediocres que, además de que son bien aburridos, no pueden ni saben mantener el control dentro de sus salones de clase, al punto de que abundan maestros: (1) que les dicen groserías a los estudiantes; y/o (2) que golpean a sus estudiantes.

Sobre eso, recordamos un caso que ocurrió en Ponce, Puerto Rico. Allí, una maestra «perdió totalmente el control y agredió a puños a sus estudiantes, en respuesta a mofas que estaba recibiendo de algunos de ellos. En el incidente hasta le propinó una bofetada a otro maestro.»[ccii]

Es de saber que lo que hemos estado discutiendo, particularmente el asunto de la incompetencia de muchos maestros, nos ha hecho recordar a un joven puertorriqueño que, por entender que la calidad de la enseñanza en las escuelas públicas es una mierda, abandonó la escuela y terminó su escuela superior bajo un programa especial. Véase, en lo pertinente, lo manifestado por este desilusionado joven:

> «*Los maestros no me decían nada, nada, nada. No te explican y no te dan ni la oportunidad de preguntar dos veces. Sólo te dicen lo que tienes que hacer y ya.*»[cciii]

En conformidad con lo anterior, debe tenerse en cuenta que han sido muchísimos los expertos: (1) que han corroborado las palabras del joven antes mencionado; y (2) que han certificado que nuestro sistema público de enseñanza es un desastre.

Un buen ejemplo sobre eso lo provee el *Consejo de Educación Superior de Puerto Rico*, puesto que varios expertos de dicha agencia gubernamental manifestaron, con gran contundencia, que muchos de los empleados que laboran en el sistema público de enseñanza: (a) no hacen casi nada para fomentar una buena disciplina entre el estudiantado; y (b) no hacen casi nada para enseñarles a los estudiantes buenos hábitos de estudio.

Pero los expertos de dicha agencia gubernamental fueron más lejos, al decir que en el sistema público de enseñanza, con honrosas excepciones, «no hay rigurosidad en la enseñanza.»[cciv]

Debe notarse que hemos visto, entre otros asuntos, que la mediocridad en el sistema público de enseñanza contribuye a que muchísimos de nuestros estudiantes: (1) abandonen nuestras escuelas; y (2) se conviertan en unos brutos.

Pues bien, sobre el punto antes indicado debe saberse que dentro de nuestro sistema público de enseñanza hay tantos niños brutos y tantos maestros mediocres que, lamentablemente, hay montones de niños que luego de varios años de estudio no pueden dominar ni las tres áreas más elementales de la educación, a saber, español, matemáticas e inglés.[ccv]

Esto que acabamos de mencionar nos ha hecho recordar que en Puerto Rico, lamentablemente, el bajo y preocupante aprovechamiento escolar de nuestros estudiantes es medido todos los años por medio de unos exámenes llamados *Pruebas Puertorriqueñas de Aprovechamiento Académico*.

Pues bien, debe saberse que indicamos aprovechamiento bajo y preocupante por razón de que, desde hace varios lustros, los resultados de dichas pruebas han sido, por decir lo menos, bien desastrosos.

Decimos eso por razón de los resultados de dichas pruebas constantemente demuestran: (1) que nuestros estudiantes de escuela pública son bien brutos; y (2) que pocas escuelas cumplen con los estándares de excelencia académica. Y sobre este último punto no está de más recordar que durante el año 2006, para consternación de los administradores escolares, únicamente dieciséis escuelas tuvieron buenos niveles de excelencia académica como resultado de dichas pruebas.[ccvi]

Ahora bien, la mejor prueba que demuestra que el sistema público de enseñanza está lleno de niños brutos, de maestros mediocres, de administradores incompetentes y de progenitores despreocupados con la educación de sus hijos, es la que establece que todos los años cerca del diez por ciento de los estudiantes no logran pasar de grado.[ccvii]

También podríamos decir que otra buena prueba sobre lo antes indicado es que para el año 2006, por increíble que parezca, poco más de seiscientas escuelas públicas estaban nacionalmente clasificadas —o sea, en todo los Estados Unidos de América— como escuelas fracaso. ¿Saben por qué fueron clasificadas como escuelas fracaso? Porque no cumplían «con los niveles mínimos de aprovechamiento» requeridos y deseados por el *Departamento de Educación de los Estados Unidos de América.*[ccviii]

Con lo anterior en mente, es propicio decir aquí que el desmadre que hay dentro de nuestro sistema público escolar, que ocasiona que miles de nuestros niños se conviertan en desertores escolares y/o en fracasados escolares, es uno de los causantes de que Puerto Rico sea una fábrica de delincuentes y de ciudadanos odiosos.

Decimos eso porque la experiencia enseña, al igual que algunos estudios criminológicos, que el fracaso escolar y la deserción escolar llevan a muchos jóvenes:

(1) a abandonar la escuela;

(2) a experimentar con drogas ilegales;

(3) a abandonar la escuela para unirse a grupos criminales;

(4) a detestar el conocimiento; y

(5) a sumergirse en un mundo lleno de alcohol, tabaco y charlatanerías.[ccix]

Y sobre el asunto del mundo criminal, no se puede obviar el hecho de que cerca del sesenta por ciento de los menores de edad que están encarcelados en las instituciones para jovencitos desertaron de la escuela y, posteriormente, entraron en el mundo criminal.[ccx] Tampoco se puede obviar que cerca del ochenta por ciento de los adultos que se encuentran confinados dentro de las peligrosas cárceles puertorriqueñas, también abandonaron la escuela en un momento dado.[ccxi]

Dicho eso, debe notarse que indicamos que en Puerto Rico hay muchísimos(as) jovencitos(as) que, todos los años, abandonan sus estudios escolares. Pues bien, no está de más recordar que Puerto Rico es, en todo los Estados Unidos de América: (1) el campeón de la deserción escolar; y (2) la jurisdicción que tiene el mayor potencial de crear, por medio de las enormes deserciones escolares que se reportan en el sistema educativo, jóvenes intelectualmente mediocres y con un enorme potencial de ser criminales y/o ciudadanos del montón.

¿Saben por qué indicamos eso? Porque hay innumerables análisis y estudios que certifican que el sistema educativo de Puerto Rico, particularmente el sistema público, «es un sistema que generación tras generación ha producido los niveles de deserción escolar más altos» en los Estados Unidos de América. Y para que tenga una idea de la magnitud del asunto de la deserción escolar, debe saberse que desde hace varios años cerca del cuarenta por ciento de los estudiantes abandonan el sistema público escolar.[ccxii]

Hemos visto la enorme correlación que existe entre fracaso escolar y deserción escolar. Pues bien, ahora vamos a ver que el deprimente ambiente que impera en la gran mayoría de las escuelas públicas del país también lleva a muchos de nuestros jóvenes a detestar la escuela.

Y lo primero que tenemos que decir sobre eso es que las plantas físicas de la gran mayoría de las escuelas públicas del país, lamentablemente, no invitan a nuestros estudiantes a estudiar. Decimos eso por razón de que poco más del «60% de nuestras escuelas están en grave deterioro físico», sin contar que cientos de ellas no tienen los recursos necesarios para cumplir con los deberes de enseñanza.[ccxiii]

Esto que acabamos de mencionar nos ha hecho recordar un estudio que realizó la **Oficina del Contralor de Puerto Rico**. ¿Saben por qué?

Porque los resultados de dicha investigación, que fueron bastante desastrosos, demostraron que durante el año 2008: (1) poco más de cuatrocientas veinte escuelas no tenían bibliotecas; y (2) que poco más de doscientas escuelas no contaban con bibliotecarios.

Y esto que estamos discutiendo se agrava más todavía, puesto que ese mismo análisis reveló: (1) que unas seiscientas escuelas no contaban con consejeros escolares o trabajadores sociales especializados en asuntos educativos; (2) que el ochenta por ciento de las escuelas públicas del país no tenían suficientes libros; y (3) que el ochenta por ciento de las escuelas públicas tenían una gran deficiencia en equipos de oficina, pupitres y materiales deportivos.[ccxiv]

Otra cuestión que no puede pasarse por alto, es que los enormes índices de violencia y criminalidad que hay dentro de muchas de nuestras escuelas públicas tampoco permiten que existan unos buenos ambientes escolares. De hecho, muchísimos de nuestros jóvenes tienen que ver las formas y maneras en las que los narcoestudiantes venden, con gran impunidad, drogas ilegales dentro y/o cerca de los planteles escolares.

Y sobre ese particular, debe saberse que la venta de drogas dentro de nuestras escuelas públicas es tan fuerte que, según un estudio realizado por la **Oficina del Contralor de Puerto Rico**, cerca de doscientas escuelas cuentan con puntos de ventas de drogas.[ccxv]

Esto que estamos discutiendo se torna más tétrico todavía, puesto que el uso de sustancias controladas por nuestros niños en las escuelas públicas del país es una situación bien alarmante y preocupante. Al punto de que todos los años, para consternación de los maestros responsables, las autoridades escolares —incluyendo a los agentes de la *Policía de Puerto Rico*— intervienen con miles de niños: (1) por poseer drogas ilegales dentro y/o cerca de los planteles escolares; y (2) por estar bajo los efectos de drogas ilegales dentro de los planteles escolares. Y lo más preocupante de todo eso, indudablemente, es que algunas de esas intervenciones son «con niños de 10 y 11» años de edad.[ccxvi]

Habida cuenta de todo lo anterior, es justo mencionar que el *Gobierno de Puerto Rico* no tiene toda la culpa de que nuestros jóvenes abandonen la escuela y, posteriormente, entren al mundo criminal. Puesto que está demostrado que la irresponsabilidad de los progenitores y los malos ejemplos que reciben los niños por parte de sus amigos y familiares también ocasionan que muchos de ellos fracasen en la escuela y, posteriormente, abandonen la escuela y entren al mundo criminal.

Sobre eso, comenzamos diciendo que la inmensa mayoría de los estudios que se han realizado sobre el mejoramiento del rendimiento escolar establecen, en lo pertinente, que las metodologías de enseñanza deben ser atractivas para los estudiantes y, en la medida de lo posible, personalizadas a los intereses de los estudiantes.[ccxvii]

Ahora bien, está demostrado que ni el mejoramiento de las técnicas de enseñanza de los maestros, ni el mejoramiento de las condiciones de los planteles escolares pueden contribuir al retenimiento de los estudiantes si los progenitores de los menores o sus encargados:

(1) no se hacen copartícipes del proceso educativo;

(2) no supervisan adecuadamente el rendimiento escolar de los menores; y

(3) no supervisan adecuadamente las actividades de los niños fuera de los horarios escolares.[ccxviii]

Y sobre el último punto señalado, debe saberse que expresamos eso por razón de que está demostrado que si los progenitores no supervisan adecuadamente las actividades de sus hijos fuera de los horarios escolares y/o se desvinculan de las actividades educativas de sus hijos, dichas irresponsables acciones «traen consecuencias negativas, entre ellas, desertores escolares, delincuencia juvenil y embarazos a temprana edad.»[ccxix]

Con eso en mente, no se puede pasar por alto que en Puerto Rico hay miles de menores de edad que, luego de sus actividades escolares, se quedan solos en sus hogares.

Por lo que no es extraño ver que muchos de esos menores (especialmente si son adolescentes), ante la falta de supervisión, utilicen esos tiempos libres: (1) para consumir drogas; (2) para andar con personas de dudosa reputación; (3) para cometer fechorías.[ccxx]

Sin contar que también hay muchos de esos niños que, por estar sin las adecuadas supervisiones fuera de los horarios escolares, utilizan sus tiempos libres para estar chingando de maneras irresponsables. Por eso es que uno puede ver por las calles y en las escuelas públicas de Puerto Rico:

> (1) a un montón de menores de edad, particularmente adolescentes, que están contagiados con enfermedades de transmisión sexual; y

> (2) a un montón de muchachitas que, por estar chingando de maneras irresponsables, se dejaron embarazar de los primeros mequetrefes que conocieron por ahí.[ccxxi]

Y para que usted vea la gran epidemia que hay en Puerto Rico de niñas embarazadas, no está de más recordar que varios análisis han dejado bien claro que Puerto Rico está, en toda la región de *América*, en las primeras posiciones que versan sobre la incidencia de embarazos en jóvenes adolescentes. De hecho, se estima que cerca del cuarenta por ciento de los embarazos en Puerto Rico «son de niñas de 15 a 17 años.»[ccxxii]

Dicho eso, es pertinente hacer un pequeño paréntesis para decir que la problemática de los embarazos en nuestras niñas es un grave problema que, a la larga, se puede convertir —como muchas veces ocurre— en un problema criminal.

Decimos eso porque muchas de esas nenitas, al tener que abandonar la escuela para criar a sus hijos, se separan de los padres de sus hijos y se convierten en unas madres solteras que tienen que abrazar, por no tener los recursos económicos necesarios, la pobreza. Y lo malo de todo eso es que muchas de esas nenitas, con el pasar del tiempo, tienen que irse a vivir a unos lugares baratos y socialmente jodidos en donde el crimen, regularmente, se ha apoderado de dichas comunidades.[ccxxiii]

El problema que eso trae es que muchos de los niños de esas muchachas, al llegar a la adolescencia, se exponen a todo ese desmadre social que existe en sus jodidas y empobrecidas comunidades, en donde los narcotraficantes hacen lo que les da la gana. Por eso no es extraño ver que en Puerto Rico hay una fuerte correlación entre madres solteras y criminalidad. Es decir, por ahí hay muchos criminales que fueron criados por madres solteras.

Ahora bien, es justo señalar que la correlación entre madres solteras e hijos criminales no sólo se puede ver en Puerto Rico, puesto que en los Estados Unidos de América también ocurre lo mismo.

Decimos eso por razón de que varios estudios han dejado bien claro que en dicho país: (1) cerca del setenta por ciento de los delincuentes juveniles provienen de hogares en donde la figura paterna está ausente; y (2) cerca del ochenta por ciento de los adultos jóvenes que están en prisión provienen de hogares que no cuentan con una figura paterna.[ccxxiv]

Dicho eso, por lo que el paréntesis está cerrado, debe tenerse en cuenta que otra conducta irresponsable por parte de muchos progenitores, que también contribuye a que sus hijos tengan altas probabilidades de convertirse en delincuentes y/o en unas escorias sociales que valdrán más muertas que vivas, es la cuestión de no apoyar a los maestros cuando estos últimos: (1) disciplinan correctamente a los menores; o (2) desean hablar con ellos (con los encargados de los niños), particularmente cuando notan que los muchachos presentan comportamientos inadecuados o preocupantes.

Es indudable que esto que estamos discutiendo, que es muy común en Puerto Rico, es parte de la dejadez de los progenitores hacia la educación de sus hijos. Sin contar que también le proporciona ejemplos corruptores a los menores.

Decimos eso porque la acción de un progenitor de estar reclamándole a un maestro las razones por las cuales regañó o disciplinó correcta y dignamente a su hijo(a), indudablemente, le enseña al menor que siempre debe retar las acciones de las autoridades, inclusive cuando las acciones de las autoridades sean legales, correctas y beneficiosas.

Pero lo más peligroso de todo eso ocurre cuando los progenitores o los encargados de los menores acuden a las escuelas a regañar, golpear y/o insultar a los maestros que, de maneras correctas y dignas, disciplinaron a sus hijos.

Cuando ese tipo de acción ocurre, es indudable que los menores aprenden: (1) que vale la pena ser un cabrón; (2) que se puede utilizar violencia injustificada en contra de la autoridad; y (3) que no se deben respetar a las autoridades. Sin contar que los niños que tienen progenitores como esos, por lo regular, terminan siendo criminales y/o sabandijas sociales.

Esto nos hace recordar un lamentable caso que ocurrió en una escuela de Ponce, Puerto Rico. Allí, por increíble que parezca, una madre que deseaba que su hija se convirtiera en una escoria social: (1) acudió a la escuela en donde estudiaba su hija; y (2) le propinó «una brutal golpiza a la maestra de su pequeña.»

¿Saben por qué la cabrona progenitora agredió a la maestra? Por razón de que no quería que la maestra regañara a su pequeña hija, una indisciplinada niña que no seguía instrucciones en el salón de clases.[ccxxv]

Otro ejemplo sobre esto que estamos discutiendo ocurrió en una escuela que está ubicada en el municipio de San Juan, Puerto Rico.

Allí, una responsable y ejemplar maestra deseaba hablar con los progenitores de una niña, ya que esta última tenía un rendimiento académico bien deficiente. Así las cosas, la progenitora de la menor se presentó a la escuela y, en vez de hablar con la maestra, le dio una tremenda paliza a la maestra. Y mientras la cabrona mujer golpeaba a la maestra, le reclamaba sobre las malas notas de la niña.[ccxxxvi]

Con lo anterior en mente, valga saber que las injustificadas y abusivas acciones que cometen muchos progenitores de estudiantes en contra de los maestros, particularmente cuando están relacionadas con acciones disciplinarias que fueron adecuadamente ejecutadas por los maestros, ocasionan que muchos maestros —particularmente por temor a ser objeto de investigaciones, insultos, golpes y/o humillaciones— tomen la decisión de incurrir en un patrón de dejadez con su trabajo, es decir, permiten que el «síndrome de no menear el bote» dirija sus ejecutorias en el magisterio.[ccxxxvii]

Sin contar que también abundan los maestros que continuamente están pensando, debido a los malos tratos que han recibido a manos de sus jefes y/o a manos de los progenitores o encargados de sus estudiantes, que su principal meta como maestros no es la de realizar su trabajo con compromiso social, sino la de hacer todo lo posible por sobrevivir a las pendejadas del diario vivir con el fin de cobrar sus cheques mensuales y, luego de varios años, obtener los beneficios de sus pensiones de retiro.

Por otro lado, debe notarse que manifestamos líneas arriba que el sistema educativo informal de Puerto Rico es muy peligroso y dañino, al punto de que fomenta la idiotez y la superficialidad. Pues bien, nos imaginamos que muchos se estarán preguntando qué es eso de un sistema educativo informal. Para contestar esa interrogante, tenemos que decir que los menores de edad no sólo se educan por medio de las lecciones que reciben en las escuelas, también son informalmente educados por medio de lo que ocurre en la sociedad.

Recuérdese que los menores de edad son como unas pequeñas esponjas que absorben todo lo que ocurre a su alrededor, por lo que amigos, conocidos, «políticos, religiosos, periodistas, artistas, la Internet, los juegos electrónicos y la televisión, educan informalmente a los niños.»[ccxxviii]

¿Y por qué indicamos que la educación informal puertorriqueña es una mierda? Es indudable que sobre este asunto podríamos escribir muchísimas páginas, pero por cuestión de tiempo únicamente vamos a explicar algunas de las razones. La primera de ellas nos dice que la inmensa mayoría de los habitantes de Puerto Rico, que han abrazado el consumismo, les enseñan a los menores de edad que en aras de ser personas importantes y felices: (1) es necesario tener mucho dinero; y (2) es necesario tener muchos bienes lujosos.[ccxxix]

Es incuestionable que esa enseñanza informal es bien peligrosa y dañina, puesto que los menores terminan creyendo que es más importante tener un carro lujoso y/o una casa costosa que tener: (1) una buena biblioteca personal que esté repleta de libros escritos por grandes pensadores; y (2) una vida alejada de los asuntos consumistas y faranduleros.

Sin contar que esa irresponsable y banal enseñanza también tiende a ocasionar que muchos menores de edad, al ver lo difícil que es alcanzar el éxito por medio de la educación y del trabajo duro, terminen pensando que el narcotráfico es una buena forma para alcanzar las banales y consumistas metas que les fueron inculcadas. Por eso es que uno puede ver que en la insignificante isla de Puerto Rico, que se ha convertido en una fábrica de ciudadanos banales, fuleros, culeros, violentos y consumistas, muchos jovencitos «caen acribillados por matones, en vez de ser educados por maestros.»[ccxxx]

De igual modo, debe tenerse en cuenta que nuestros jóvenes también están aprendiendo por medio de las acciones y los comentarios de los adultos: (1) que la sociedad no le ofrece oportunidades a los jóvenes; y (2) que Puerto Rico es un lugar en donde «el estudio, el esfuerzo y el trabajo importan poco para lograr el éxito.»[ccxxxi]

Sin contar que también hay muchísimos jovencitos que aprenden, y muchos de ellos lo están aprendiendo a edades más tempranas, que el amiguismo y las conexiones familiares son más importantes para lograr conseguir buenos trabajos, que haber recibido una educación sólida. Sin contar que nuestros jóvenes también se están percatando que las conexiones políticas, ya sea si fueron conseguidas por medio de amistad o por medio de la compra de influencias, «confieren puestos de poder a los menos cualificados.»[ccxxxii]

Dicho eso, cabe preguntar cuál ha sido el resultado de conocer el desmadre antes mencionado. Es indudable que la contestación a esa interrogante parece obvia, a saber, muchas personas abandonan sus estudios universitarios por considerarlos innecesarios.

Ahora bien, si profundizamos un poco más notaremos que todo ese desastre ha ocasionado que la sociedad puertorriqueña —a pesar de que uno puede ver por ahí algunas buenas excepciones— se haya convertido en una sociedad:

> (1) con un elevado potencial de crear ciudadanos fuleros, culeros y borrachones; y

> (2) con un elevado potencial de formar cabrones(as) que honran «la ambición descontrolada, celebran el materialismo, toleran la corrupción, cultivan la superficialidad, desprecian el intelecto y descansan en el consumismo.»[ccxxxiii]

Llegados a este punto de la discusión, es forzoso concluir que la educación —tanto la formal como la informal— que están recibiendo los ciudadanos de Puerto Rico es tan porquería y deficiente que, incuestionablemente, los habitantes de Puerto Rico han fracasado —y siempre fracasarán— «en crear una sociedad próspera, pacífica, tolerante, justa, equitativa, noble y progresista.»[ccxxxiv]

Capítulo siete
Criadero de pillos y corruptos

I. Pillos y corruptos

Como hemos visto, la isla de Puerto Rico se ha convertido en un pésimo lugar para vivir, puesto que los niveles de desempleo, pobreza, corrupción, drogadicción, alcoholismo, criminalidad e intolerancia ciudadana son elevadísimos.[ccxxxv]

Sin contar que las posibilidades de que una persona sea asesinada, ya sea por sicarios o por los miles de intolerantes sociales que hay por ahí, también son elevadísimas. De hecho, la cosa está tan mala en Puerto Rico que «un piropo o, quizás, un inoportuno comentario o mirada» puede llevar, como muchas veces a ocurrido, a una persona a la tumba.[ccxxxvi]

Con ese tétrico panorama en mente, ahora tenemos la triste obligación de decir que la sociedad puertorriqueña es tan ruin que, lamentablemente, también tiende a crear: (1) ciudadanos corruptos; y (2) ciudadanos que toleran la corrupción.

Por eso es correcto decir que en la narcoisla de Puerto Rico lo que impera es una *cultura de corrupción*, en donde la mayoría de los ciudadanos y funcionarios públicos: (a) son indiferentes ante las distintas manifestaciones de la corrupción; y (b) «aceptan la corrupción como conducta válida o inevitable.»[ccxxxvii]

Debe tenerse en cuenta que la cultura de corrupción que existe en Puerto Rico es tan marcada que, por sorprendente que parezca, tiene fama internacional y nacional. Decimos eso por varias razones. Primero por razón de que Puerto Rico ocupó, durante el año 2006, la posición número veinte en la lista de los países más corruptos del mundo.[ccxxxviii]

También dijimos lo anterior por razón de que el *Buró Federal de Investigación* (FBI, según sus siglas en inglés) lleva muchísimos años diciendo que Puerto Rico es una de las jurisdicciones más corruptas en los Estados Unidos de América. De hecho, no se puede pasar por alto que dicha agencia del orden público indicó, durante el año 2011, que Puerto Rico era la segunda jurisdicción más corrupta en los Estados Unidos de América.[ccxxxix]

Ahora bien, debe tenerse en cuenta que el *Buró Federal de Investigación* (FBI, según sus siglas en inglés) no es la única agencia federal que, a nivel nacional, ha catalogado a Puerto Rico como un estercolero de corrupción, puesto que muchas más lo han hecho.

Un buen ejemplo sobre eso es que la *Autoridad Federal de Carreteras* (FHWA, por sus siglas en inglés) indicó, indirectamente, que muchos funcionarios públicos de Puerto Rico: (1) eran bien corruptos; y (2) no sabían administrar fondos públicos. Por eso fue que dicha agencia colocó a Puerto Rico, durante el año 2004, en «la lista de jurisdicciones que son consideradas un alto riesgo en el uso de fondos federales.»[ccxl]

También podemos recordar a la *Administración Federal de Tránsito* (FTA, por sus siglas en inglés). ¿Saben por qué? Porque esa agencia federal también clasificó a Puerto Rico, durante el año 2004, como una jurisdicción en donde existe un alto riesgo de mal uso de fondos federales.[ccxli]

Pero uno de los señalamientos más increíbles sobre la corrupción en Puerto Rico lo hizo el *Departamento de Justicia de los Estados Unidos de América*. Puesto que ese departamento, durante el año 2006, clasificó al Gobierno de Puerto Rico como un gobierno pillo y embustero.

Dicha clasificación fue obtenida gracias a que varios empleados del *Departamento de Educación de Puerto Rico*, siguiendo instrucciones de las más altas esferas de ese departamento, le mintieron al Gobierno de los Estados Unidos de América con el fin de obtener fondos federales que estaban relacionados con «programas de educación de migrantes.»

¿Saben cuáles fueron las consecuencias de ese acto de corrupción? Que el fulero y culero Gobierno de Puerto Rico: (1) perdió trece millones de dólares en fondos federales; y (2) tuvo que pagar una multa de seis millones de dólares.[ccxlii]

Como se puede ver, la corrupción pública en Puerto Rico es endémica, sistemática y, sobre todo, fomentada y permitida por las altas esferas gubernamentales. Por eso es que pensamos: (1) que Puerto Rico es un estado corrupto; y (2) que el *Buró Federal de Investigación* (FBI, según sus siglas en inglés) tenía toda la razón cuando dijo, en lo pertinente, que la corrupción gubernamental «es la amenaza más grande que enfrenta el País.»[ccxliii]

Dicho eso, estamos seguros de que muchos estarán pensando, particularmente los fuleros y culeros, que la corrupción en Puerto Rico no es tan elevada como hemos manifestado. Sin contar que también estarán los que dirán que hemos exagerado al decir que Puerto Rico es un estado corrupto.

Pero a todos esos fuleros y culeros les decimos que sólo es cuestión de leer los informes, las noticias y los artículos que se escriben sobre la corrupción en Puerto Rico para darse uno cuenta sobre el hecho de que dentro del Gobierno de Puerto Rico, como dice el *Dr. Hernán Padilla*:

> «…predominan actos de fraude, empleados fantasmas, apropiación ilegal agravada, escándalos por mal uso de fondos públicos y fondos federales, señalamientos (…) sobre contratos para beneficio propio, fraude en la vivienda, subastas ilegales, soborno, obstrucción de la justicia, uso ilegal de bancos telefónicos y facilidades del Gobierno con fines partidistas; contratos ilegales para beneficio de un amigo, pariente o donante político, pedir y aceptar dinero a cambio de favores políticos…».[ccxliv]

Como hemos visto, «la lista de actividad corrupta por funcionarios públicos, políticos, candidatos y empleados de los partidos políticos es interminable.»[ccxlv] Por consiguiente, nos imaginamos que muchas personas se estarán preguntando por qué los políticos de Puerto Rico, que ganan mucho dinero por hacer casi nada, son tan corruptos.

Para contestar esa interrogante, tenemos que decir que los políticos puertorriqueños no vienen de ningún país extranjero, es decir, casi todos ellos son unos boricuas que llevan toda la vida viviendo en la isla.

Por consiguiente, siempre debe entenderse que las acciones corruptas, antiéticas y descabelladas que ejecutan los políticos en el desempeño de sus funciones oficiales y/o durante sus tiempos libres, indudablemente, no son más que reflejos de lo que ocurre en la sociedad.

Recordemos que la mayoría de los habitantes de Puerto Rico han abrazado unos estilos de vida en donde se ama el consumismo, la mediocridad, la estupidez, la violencia y el engaño, por lo que no nos debe extrañar que veamos a muchísimos de nuestros políticos electos y nombrados envueltos en acciones cuestionables e indeseables.

Además de lo anteriormente expuesto, no podemos dejar de mencionar que la calidad de los políticos puertorriqueños está a nivel de estercolero. ¿Saben por qué? Por razón de que «una masa electoral ignorante rige el país.»[ccxlvi] Es decir, es increíble ver que la mayoría de los habitantes de Puerto Rico no utilizan su derecho al voto de una manera responsable, por lo que es común que voten por políticos que a todas luces lucen dudosos, mafiosos, pillos, embusteros, narcisistas e intelectualmente inferiores.

Pero la mejor evidencia sobre la imbecilidad borincana a la hora de votar la provee el hecho de que la inmensa mayoría de los habitantes de Puerto Rico, imbécilmente, le otorgan gran peso a la belleza exterior de los candidatos.[ccxlvii]

Otra cuestión que demuestra que el pillaje y la mediocridad en las altas esferas gubernamentales —por lo menos por parte de políticos electos y por parte de muchos funcionarios públicos que han sido nombrados a puestos importantes gracias a sus conexiones políticas— son asuntos que están relacionados con la pobre selección que hace el pueblo a la hora de votar, es el hecho de que el *Pueblo de Puerto Rico* tiende a votar por los políticos:

(1) que tengan mucha exposición en los medios de comunicación;

(2) que tengan un fuerte amor por presentar medidas populistas; y

(3) que sean indirectamente apoyados y aprobados por los medios noticiosos.

Por eso es que uno puede ver que la inmensa mayoría de los políticos electos de Puerto Rico, al igual que la mayoría de los políticos nombrados a puestos importantes, no son más que unos incompetentes y unos «líderes de cartón, recortados según la última encuesta de opinión.»[ccxlviii]

Con eso en mente, nótese que manifestamos que en Puerto Rico hay políticos que son, indirectamente, apoyados y aprobados por los medios de comunicación. Pues bien, nos parece sorprendente que la inmensa mayoría de los habitantes de Puerto Rico no se percaten de que todos los medios de comunicación tienen una agenda política escondida.

Es decir, los directivos de los medios de comunicación —que casi siempre están pensando en llenar sus bolsillos y en las estrategias que pueden utilizar para aumentar sus niveles de influencia social— siempre tienden a apoyar a los políticos que, secretamente, han hecho tratos económicos con ellos. Sin contar que también abundan los políticos que, por tener relaciones de amiguismo con los dirigentes de los medios, también son bien tratados por los periodistas.

En fin, lo que hemos querido decirles es que los medios noticiosos de Puerto Rico, al igual que los del resto del mundo, no son tan inocentes como se pintan. Por lo que siempre se debe tener en cuenta que todos los medios noticiosos, que siempre tienen agendas escondidas, buscan poner y sacar a políticos «a capricho, impulsando a toda costa su línea editorial para influenciar la opinión pública.»[ccxlix]

Por otro lado, debe notarse que indicamos que la sociedad puertorriqueña ama el engaño y el truco. Pues bien, valga saber que dijimos eso por razón de que en Puerto Rico lo que hay es una fuerte *cultura de engaño*. Al punto de que «el engaño, o la gansería, o la jabería, como prefieran llamarle», se ha convertido en un estilo de vida de cientos de miles de habitantes.[ccl]

Por eso es que uno puede ver que los fraudes a las empresas privadas, los falsos testimonios, los robos de identidad, las falsificaciones de documentos públicos y privados, el pirateo de mercancías y los embustes en los documentos públicos y privados son, lamentablemente, unas acciones muy comunes y costosas en Puerto Rico.[ccli]

Debe notarse que manifestamos que la corrupción privada o ejecutada por la sociedad civil es muy costosa. ¿Saben por qué dijimos eso? Por razón de que las empresas privadas pierden millones de dólares debido a esas acciones.

De hecho, debe tenerse en cuenta que la *Asociación de Examinadores Certificados en Fraude* (ACFE, por sus siglas en inglés) realizó un estudio sobre los fraudes que comete la sociedad civil puertorriqueña en contra de las empresas privadas. Y los resultados de dicho estudio demostraron que los habitantes de Puerto Rico cometen tantas acciones fraudulentas que, meramente durante el año 2010, le hicieron perder a las empresas privadas unos «$1,000 millones» de dólares.[cclii]

Pero las empresas privadas no son las únicas que se ven afectadas por las marrullerías de la sociedad civil puertorriqueña, puesto que el corrupto y culero *Gobierno de Puerto Rico* también se ve afectado, al punto de que también pierde millones de dólares al año producto de las marrullerías borincanas.

Un buen ejemplo sobre esto está relacionado con los recaudos del *Departamento de Hacienda de Puerto Rico*. Decimos eso por razón de que la evasión contributiva en la isla es bien elevada. Al punto de que un estudio realizado por el *Departamento de Hacienda de Puerto Rico* —dicho estudio fue dado a conocer durante el año 2009— demostró, en lo pertinente, que poco más del treinta por ciento de los contribuyentes que rinden planillas de contribución sobre ingresos: (1) incurren en evasión contributiva; y (2) mienten en sus planillas.[ccliii]

Y sirva como complemento que dicha evasión contributiva ocasiona que, todos los años, las arcas gubernamentales dejen de recibir cerca de «$1,600 millones» de dólares.[ccliv]

En conformidad con lo anterior, debe tenerse en cuenta que la mayoría de los evasores contributivos no son narcotraficantes ni ladrones callejeros. La mayoría de los evasores contributivos en Puerto Rico son ladrones con corbata, es decir, profesionales —como médicos, artistas, abogados, arquitectos e ingenieros— y comerciantes.

Sin contar que también hay una gran evasión contributiva entre los más ricos del país. Por eso es que el *Departamento de Hacienda de Puerto Rico* ha detectado que hay un montón de ricos que, a pesar de que viven en propiedades lujosas, «rodeados de lujos y disfrutando de múltiples placeres, acuden a la mentira para reducir su carga contributiva al momento de rendir sus planillas.»[cclv]

Esto nos hace recordar un caso que ocurrió en Toa Baja, Puerto Rico. Allí, un exitoso comerciante que ganó cerca de tres millones de dólares no informó tales ganancias al *Departamento de Hacienda de Puerto Rico*. Y por ese delito, que está tipificado en el *Código de Rentas Internas de Puerto Rico*, el comerciante fue arrestado.[cclvi]

En armonía con lo anterior, no se puede pasar por alto que en Puerto Rico hay una enorme problemática con un montón de comerciantes. Y la problemática estriba en que en la isla hay miles de comerciantes que, a pesar de que tienen la obligación de retener un porcentaje de las ganancias de sus empleados por concepto de impuestos sobre el ingreso, no envían tales retenciones al *Departamento de Hacienda de Puerto Rico*. Y «como consecuencia de ese delito económico contra el Estado, el erario ha dejado de recibir la monumental suma de 854 millones» de dólares.[cclvii]

Ya que estamos hablando sobre engaños contributivos, no podemos dejar pasar esta oportunidad para decir que la cultura de engaño es tan impresionante que, según numerosos análisis, Puerto Rico tiene la *economía subterránea* más grande en todo los Estados Unidos de América.[cclviii]

Dicha economía es tan grande que, a pesar de que Puerto Rico tiene unos 3.7 millones de habitantes, «oscila actualmente entre los $12,000 millones y los $14,000 millones al año...».[cclix] Y la mayoría de dichas ganancias, que demuestran que Puerto Rico es casi un narcoestado, provienen del bajo mundo, es decir, del narcotráfico, de la prostitución y de la venta ilegal de armas, municiones y medicamentos controlados.

Otro asunto que debe tenerse en cuenta, es que la cultura de engaño que hay en Puerto Rico tiene fama internacional y nacional. Y dicha fama es tan notable que, además de que se han realizado múltiples escritos sobre ese asunto, representantes de varias empresas extranjeras han tenido que venir a Puerto Rico a presentar querellas y demandas en contra de personas naturales y jurídicas por haber cometido acciones fraudulentas en contra de sus intereses.

Un buen ejemplo sobre eso está relacionado con *Romero Britto*, un afamado diseñador brasileño. Decimos eso por razón de que varios representantes de la empresa del diseñador tuvieron que venir a Puerto Rico para ayudar en el procesamiento judicial de cerca de doscientas personas que, de manera ilegal, estaban vendiendo «artículos fatulos del diseñador.»[cclx]

Otro ejemplo sobre lo que estamos discutiendo está relacionado con la *American Family Life Assurance Company* (*Aflac*), una aseguradora que tiene sus oficinas centrales en Georgia, Estados Unidos de América. Recordemos que los directivos de esa aseguradora trabajaron junto al *Buró Federal de Investigación* (FBI, según sus siglas en inglés) para que, durante el año 2011, se procesaran criminalmente a más de quinientos diez habitantes de Puerto Rico que defraudaron a dicha empresa privada.[cclxi]

Dicho eso, y como en Puerto Rico existe una batalla intelectual entre los sexos, no está de más recordar que las acciones fraudulentas que se cometen en la isla en contra de las empresas privadas tienen una peculiaridad, a saber, la mayoría de ellas son cometidas por hombres. Por lo que las mujeres, especialmente las feministas recalcitrantes, tienen otro argumento para criticar a los hombres.

Decimos eso por razón de que un estudio realizado por el *Colegio de Contadores Públicos Autorizados de Puerto Rico* demostró, durante el año 2006, que la mayoría de los delincuentes que cometen fraudes en contra del sector privado son personas que no pasan de los treinta y cinco años de edad. Además de eso, dicho estudio también demostró que «en Puerto Rico, el 61% de los que cometen fraude son varones y el 39%, mujeres.»[cclxii]

Dicho eso, ahora tenemos que mencionar que la corrupción en Puerto Rico es tan elevada que, por sorprendente que parezca, también ha penetrado dentro de los cuerpos policiales. Y esa penetración de la corrupción dentro de los cuerpos policiales es tan elevada que, para consternación de los buenos agentes, el *Buró Federal de Investigación* (FBI, según sus siglas en inglés) ha manifestado que es bien preocupante «el alto nivel que ha alcanzado la corrupción policíaca en Puerto Rico.»[cclxiii]

Dicho eso, cabe preguntarse ¿cuál es el nivel de corrupción dentro de los cuerpos policiales de Puerto Rico, particularmente dentro de la *Policía de Puerto Rico*?

Para contestar esa interrogante, tenemos que decir que la corrupción dentro de la Policía de Puerto Rico es tan endémica y sistemática que, lamentablemente, se considera que la Policía de Puerto Rico es la fuerza policial más corrupta en todo los Estados Unidos de América. Es esencial añadir que según los estándares del *Buró Federal de Investigación* (FBI, según sus siglas en inglés), la corrupción dentro de un cuerpo policial se considera endémica y sistemática «cuando alcanza al 2% de la fuerza.»[cclxiv]

En ese sentido, tenemos que decir que la información brindada es un duro golpe para la inmensa mayoría de los policías puertorriqueños. Puesto que la inmensa mayoría de ellos, a pesar de estar mal pagados y a pesar de que trabajan en un narcopaís en donde se ama la violencia y el vicio, han «cumplido sus deberes con patriótico sentido de servicio, firmeza de carácter, integridad moral, disciplina ejemplar y probada valentía.»[cclxv]

Por otro lado, debe notarse que manifestamos que la cultura de pillaje y corrupción que hay en Puerto Rico se debe, mayormente, a que la sociedad entiende que la mentira, el engaño y el truco no son acciones malvadas si lo que se busca es salir adelante. Ahora bien, si profundizamos un poco más en este asunto nos percataremos de que la cultura de corrupción que impera en Puerto Rico también está fuertemente relacionada con la pobreza y el consumismo.[cclxvi]

Decimos eso por razón de que hay muchísimos análisis que han demostrado «que las carencias, necesidades y aspiraciones frustradas generadas por un régimen de profundas desigualdades económicas y sociales pueden promover ciertas manifestaciones de la corrupción…».[cclxvii]

Dicho eso, ahora tenemos que decir que «en la sociedad actual se vive un mundo de avaricia...».^{cclxviii} Al punto de que la mayoría de las personas, y muchas veces bajo máscaras de camarería, están dispuestas a joder a otras personas con el fin de obtener dinero, poder, notabilidad social y, en algunas ocasiones, sexo.

Pues bien, debe saberse que en algunas instancias las conductas corruptas no se deben a la mera necesidad económica, sino a los ansias de poder y notabilidad social de las personas. Y en la inmensa mayoría de estos casos, estos tipos de corruptas actuaciones son ejecutadas por personas que ocupan posiciones notables dentro de la sociedad.^{cclxix}

Un buen ejemplo sobre eso está relacionado con la judicatura. Como todo el mundo sabe, la *partidocracia* es la que tiene el control de la política puertorriqueña. Y como eso es así, por lo regular, el principio de mérito no aplica a la hora de nombrar abogados en posiciones judiciales.

Así las cosas, cabe preguntar ¿quiénes son los que, por lo regular, son nombrados jueces en Puerto Rico? Pues bien, la inmensa mayoría de los abogados que son nombrados como jueces en Puerto Rico son, lamentablemente, los que han comprado las posiciones judiciales por medio de fuertes donativos políticos. Sin contar que también abundan los que son nombrados por razón de que tienen fuertes lazos de amoríos o amistad con políticos poderosos.

Pero sea como fuere, la realidad es que el acto de comprar influencias por medio de donativos políticos o utilizar lazos de amistad para lograr obtener los enormes poderes que otorgan las togas judiciales, indudablemente, son unas acciones ilegales, asquerosas, impropias y corruptas. Puesto que dentro de un país democrático y respetuoso del principio de mérito, se supone que los abogados que sean nombrados como jueces sean personas que tengan «un amplio conocimiento de las leyes, prudencia, discreción, integridad, honestidad, y haber demostrado cortesía y respeto hacia los ciudadanos, litigantes, otros abogados y el personal jurídico.»[cclxx]

II. El desmadre policial fomenta el crimen

Todo el mundo sabe que una de las medidas más elementales para combatir las distintas manifestaciones de la criminalidad es, indiscutiblemente, dejarle saber a los delincuentes: (1) que sus fechorías serán investigadas; y (2) que serán criminalmente procesados.

Sin embargo, en Puerto Rico no se puede utilizar esa simple estrategia para combatir el crimen. ¿Saben por qué? Porque nuestras agencias estatales del orden público han demostrado, particularmente las divisiones que están encargadas de las investigaciones especializadas, que «no funcionan.»[cclxxi]

Y como no funcionan, por ahí hay muchísimos delincuentes —entre ellos pillos de cuello blanco, defraudadores, delincuentes callejeros y pornógrafos infantiles— que piensan que sus fechorías van a quedar sin castigos.

Nótese que indicamos que los pornógrafos infantiles, que siempre deben estar en las listas de los delincuentes más peligrosos, piensan que pueden cometer sus fechorías con gran liberalidad en Puerto Rico. ¿Saben por qué decimos eso? Por motivo de que las agencias estatales del orden público, que regularmente no tienen ni sus equipos policiales en buen estado, no tienen ni el personal ni los equipos tecnológicos adecuados para investigar y perseguir tales fechorías.

Por eso es que nos atrevemos a decir que si no fuera por las agencias federales del orden público, particularmente por el *Servicio de Inmigración y Control de Aduanas de los Estados Unidos*, Puerto Rico se convertiría en la capital mundial de la pornografía infantil. Decimos eso porque uno puede ver que ni la Policía de Puerto Rico ni el Negociado de Investigaciones Especiales, que son unas agencias estatales de seguridad que están gravemente politizadas, combatan con gran rigurosidad esa asquerosa manifestación de la delincuencia.[cclxxii]

Ahora bien, a pesar que las agencias federales del orden público hacen un buen trabajo combatiendo la pornografía infantil, la realidad es que en Puerto Rico hay mucha actividad criminal de esa índole. Por eso es que hemos sido señalados por la *Policía de Austria* por albergar, durante los últimos años, a varios de los pornógrafos infantiles más despiadados a nivel mundial.[cclxxiii]

Dicho eso, es necesario hacer un señalamiento para decir que en Puerto Rico, a pesar de que hay organizaciones que se dedican a producir y vender pornografía infantil, la realidad es que el delito «más común es poseer pornografía infantil, lo que implica que a sabiendas se han guardado imágenes en la computadora— principalmente— de menores en conducta sexual.»[cclxxiv]

Por otro lado, debe notarse que también indicamos que los defraudadores también sienten que pueden cometer sus fraudes con gran impunidad en Puerto Rico. Pues bien, valga saber que expresamos eso por razón de que está demostrado que, «si bien en Puerto Rico existen diversos estatutos para detectar casos de fraude y procesar a sus perpetradores, el Estado no tiene suficientes recursos para atajar este mal.»[cclxxv] Por eso es que Puerto Rico se conoce, por lo menos en los Estados Unidos de América, como la capital del truco y del fraude.

También debe notarse que indicamos que los criminales de cuello blanco, entre ellos los profesionales que invierten en el narcotráfico y los políticos corruptos que ocupan puestos políticamente importantes, piensan que vale la pena delinquir en Puerto Rico: (1) porque tienen las conexiones necesarias para desviar y entorpecer investigaciones; y (2) por razón de que sus fechorías prácticamente no se persiguen por las agencias estatales del orden público. Y sobre esto último debe saberse que eso se debe, principalmente, a la poca capacidad de los agentes y a los pocos recursos que se les asignan para perseguir tales manifestaciones de la criminalidad. Nos explicamos.

Las agencias estatales del orden público, por culpa de los políticos que están encargados de asignarles fondos públicos, no tienen ni los recursos, ni las tecnologías ni los conocimiento especializados para perseguir adecuadamente la criminalidad de cuello blanco.

Por eso es que en Puerto Rico, por ejemplo, antes de las nuevas regulaciones federales relacionadas con los negocios hipotecarios eran comunes «los casos de fraudes hipotecarios, donde

(…) banqueros y otros profesionales de la industria hipotecaria se pusieron de acuerdo para obtener la aprobación de préstamos mediante la alteración de documentos.»[cclxxvi]

Sobre la criminalidad política, que está relacionada con la corrupción y que es parte del crimen de cuello blanco, tenemos que decir que nuestras agencias del orden público también están en la misma posición. De hecho, son numerosos los estudios y artículos que confirman que nuestras agencias del orden público, con algunas excepciones, no persiguen la corrupción gubernamental ni la corrupción política.[cclxxvii]

Y para empeorar la situación, valga saber que la criminalidad política en Puerto Rico se comienza a manifestar desde que se abren los términos oficiales para realizar las campañas políticas. Por eso es que uno puede ver que «las campañas políticas no parecen orientadas a operar dentro de los límites que impone la ley, sino más bien a identificar mecanismos creativos para burlarla…».[cclxxviii]

Pero esto de la criminalidad política es más profundo todavía, puesto que desde el mismísimo interior de nuestras agencias del orden público se bloquean y estorban muchísimas de las pocas investigaciones que se comienzan a realizar sobre el crimen político. Eso se debe al hecho de que la partidocracia en Puerto Rico ha alcanzado niveles endémicos y preocupantes dentro de las agencias públicas, por lo que no es extraño que muchos jefes y administradores de dichas agencias hagan todo lo posible por ayudar a los políticos corruptos que, además de que militan en sus partidos políticos favoritos, han cometido fechorías políticas.

Valga saber que esto que acabamos de discutir, aunque preocupante y lamentable, no le debe extrañar a nadie. Puesto que está demostrado que trabajar en el sector público puertorriqueño — y eso incluye trabajar dentro de las agencias estatales del orden público— se ha convertido, para muchísimas personas, en un asunto deprimente y políticamente controlado.

Decimos eso porque además de que nuestros empleados públicos de bajo nivel cobran salarios de hambre, a gran cantidad de ellos (especialmente a los que ocupan posiciones de supervisión y administración) se les «pide más lealtad a los partidos y a los políticos que a la ética, la solidaridad y la moral.»[cclxxix]

Otro asunto que hay que tener en cuenta, es que Puerto Rico es tan pobre y nuestras agencias estatales del orden público tan incompetentes para perseguir el crimen de cuello blanco y el crimen organizado que, lamentablemente, esas situaciones invitan a muchos de nuestros profesionales a incurrir en la inversión criminal, particularmente en el narcotráfico. Nos explicamos.

En Puerto Rico, muchos profesionales han encontrado una buena forma para ganar fuertes sumas de dinero por medio del crimen, a saber, incurriendo en la financiación del narcotráfico. En esos casos, lo que hacen los profesionales —entre ellos abogados, médicos, ingenieros y comerciantes— es prestarles chavos a personas que tienen fuertes contactos con traficantes de drogas y/o armas, con el fin de que estos últimos consigan en el bajo mundo sus clandestinas mercancías. Entonces, posteriormente, el dinero prestado les es devuelto a los inversionistas «con intereses mayores a los que puede ofrecer cualquier banco.»[cclxxx]

Lo que hace a este tipo de narco-financiamiento en un negocio *cuasi* seguro: (1) es que en Puerto Rico son casi inexistentes los arrestos y/o las confiscaciones de bienes en contra de los narco-inversionistas; y (2) es el hecho de que los profesionales pueden disfrazar las enormes cantidades de dinero que reciben «con sus profesiones, usualmente respetadas en la sociedad.»[cclxxxi]

Dicho eso, nos imaginamos que algunos estarán pensando, particularmente los fanáticos de la justicia y del bien, que la situación plasmada es de poca ocurrencia en Puerto Rico. Pero a esos incautos les decimos que ese tipo de narco-financiamiento por parte de muchos de nuestros profesionales es bien común en la isla.

Tanto así, que un estudio realizado por la *Administración de Cumplimiento de Leyes sobre las Drogas* (DEA, por sus siglas en inglés) demostró, en lo pertinente, que «alrededor del 25% de los narcóticos ilegales que llegan al País pudieran ser financiados por este sector de la sociedad.»[cclxxxii]

En fin, si uno analiza con gran cuidado el asunto de la criminalidad en Puerto Rico, uno se puede dar cuenta de que «la impunidad reina.»[cclxxxiii] Y el reinado de la impunidad es tan formidable que, para consternación del pueblo, los delincuentes más sanguinarios: (1) no temen cometer sus fechorías en lugares llenos de potenciales testigos; (2) no temen cometer sus fechorías a plena luz del día; y (3) se han convertido en los reyes de las calles durante los fines de semana.

Nótese que dijimos que los delincuentes más sanguinarios que hay en Puerto Rico, como los que se pasan por ahí con sus poderosos rifles *AK-47*, se han convertido en los reyes de las calles durante los fines de semana. ¿Saben por qué dijimos eso? Por motivo de que los fines de semana son los días favoritos de esos matones para matar a sus presas. Por eso es que uno puede ver que los matones, por saber que la impunidad es enorme, matan a 5, 10, 12 o 15 personas durante los fines de semana.

Aunque en muchas ocasiones, lamentablemente, los matones de Puerto Rico han convertido los fines de semanas en días de guerra, matando a más de veinte personas. Un buen ejemplo sobre eso ocurrió durante el año 2011. Durante ese año, nuestros matones establecieron un récord criminal, a saber, mataron a veintiocho personas durante un fin de semana.[cclxxxiv]

Y no se piense que nuestros matones, especialmente los sicarios, solamente hieren o matan a personas que están envueltas en el narcotráfico. Puesto que son muchísimos los casos en donde personas que no tienen nada que ver con el narcotráfico han sido, a manos de los asesinos del bajo mundo, heridas o asesinadas durante los fines de semana y durante actividades sociales.[cclxxxv]

Conviene en este tramo mencionar que la pobre labor que hacen las agencias del orden público con el asunto de la delincuencia, indudablemente, también invita a los criminales a cometer fechorías. Puesto que con una tasa de esclarecimiento de delitos de un treinta por ciento, y la mayoría de ellos esclarecidos con la ayuda de chotas y de hampones que piden inmunidad, no es para menos que muchos ciudadanos piensen que vale la pena delinquir.

Es indudable que lo acabado de mencionar es increíble, puesto que cualquier boricua de inteligencia promedio: (1) esperaría que la criminalidad, específicamente la criminalidad callejera, estuviera bastante controlada; y (2) esperaría que la tasa de esclarecimiento de delitos fuera más elevada.

Valga saber que los boricuas que viven en Puerto Rico esperan lo antes mencionado por razón de que en Puerto Rico hay bastantes policías estatales. De hecho, varios análisis han reflejado que «Puerto Rico es el tercer país con más policías [estatales] por habitante en el mundo —711 oficiales por cada 100,000 personas— (...).»[cclxxxvi] Y ténganse en cuenta que si a esa cifra le añadimos los policías municipales y los guardias de seguridad, es indudable que aumentaría significativamente.

Llegados a este punto de la discusión, tenemos que decir que todo parece indicar que las agencias de ley y orden puertorriqueñas «no funcionan.»[cclxxxvii] Y como no funcionan, todo parece indicar que la impunidad criminal ha alcanzado unos niveles tan elevados que, para consternación de los fanáticos de la justicia, la inmensa mayoría de las personas se comportan como si las *Leyes de Puerto Rico* fueran de «cumplimiento opcional.»[cclxxxviii]

Pero esto que estamos discutiendo se pone más áspero todavía, puesto que los delincuentes callejeros de estos tiempos no sólo consideran que las agencias estatales del orden público son corruptas e ineficientes, también les han perdido el miedo y el respeto a los agentes. Por eso es común que los delincuentes callejeros, a cada rato, atenten en contra de la vida de los agentes.[cclxxxix]

Y sobre el asunto de las acciones de irrespeto de los ciudadanos hacia los agentes del orden púbico, valga saber que en Puerto Rico es común y corriente que nuestros agentes sean insultados por todo tipo de personas. Es decir, desde criminales hasta abogados y médicos, los policías son diariamente humillados, insultados y amenazados.

Sin contar que a los delincuentes, mientras el Gobierno anuncia con bombos y platillos la designación de personas obsoletas e incompetentes a los puestos de más alta jerarquía dentro de las agencias del orden público, les importa poco quiénes ocupen dichos cargos. Puesto que ellos saben que ningún jefe policiaco, por más educación y entrenamientos que posea, puede hacer gestiones extraordinarias en contra de ellos. Sin contar que las burlas y los comentarios negativos por parte de delincuentes y ciudadanos sobre las personalidades de los jefes policiacos abundan en las calles y en las redes sociales de Internet.[ccxc]

Nótese que indicamos que los delincuentes, particularmente los más adinerados, piensan que los cuerpos policiales de Puerto Rico son corruptos. Pues bien, es lamentable tener que decir que lo que piensan esos delincuentes, por más que lo quieran negar los fanáticos de la justicia, es verdad.

Decimos eso porque se ha demostrado: (1) que Puerto Rico es, nacionalmente hablando, la jurisdicción —en EE.UU.— que tiene la mayor cantidad de policías corruptos; y (2) que los criminales poderosos y adinerados, como algunos de esos criminales organizados que lideran poderosas empresas criminales, tienen los recursos económicos y las conexiones para comprar la protección policial y judicial «que sus negocios requieren para poder operar exitosamente.»[ccxci]

Y sobre el asunto de la protección judicial, es importante que no se olvide que esa protección es, por lo regular: (1) bastante solapada; y (2) solamente alcanzable por un puñado de criminales. Eso dista mucho de lo que pasa en muchos países de Latinoamérica, puesto que en muchos de esos países las componendas entre jueces, fiscales y criminales adinerados y socialmente conectados son exageradamente obvias.

Nótese que dijimos que la protección judicial es un asunto solapado que, para consternación de los fanáticos de la justicia, se hace calladamente sin que el lente del ojo público lo note demasiado. Pues bien, decimos eso por motivo de que los magistrados que entran en el negocio de las protecciones judiciales, en aras de otorgar tales protecciones sin levantar tantas ronchas, lo que hacen es buscar dentro de los procesos judiciales «razones y tecnicismos que les permitan dejar en la calle» a los acusados de delitos.[ccxcii]

Por otro lado, debe notarse que manifestamos líneas arriba que la deficiencia investigativa de los cuerpos policiales invita y ocasiona que muchas personas cometan actos delictivos. Pues bien, ahora tenemos que decir que muchas de las estrategias que han utilizado las agencias estatales del orden público para reaccionar ante las muchas manifestaciones de la delincuencia, indudablemente, también fomentan que se cometan actuaciones delictivas, especialmente actuaciones delictivas violentas. Nos explicamos.

Por años, las agencias estatales del orden público han utilizado un enfoque punitivo para intentar frenar la criminalidad callejera, es decir, meramente han decidido aumentar el número de agentes, incursionar en lugares peligrosos y realizar un montón de arrestos en contra de criminales de poco monta. Aunque en ciertas ocasiones, y casi siempre con la ayuda de soplones, han arrestado a personas que se desempeñaban como jefes de grupos criminales.

Pero el gran problema del enfoque punitivo es que hay miles de estudios y artículos que han demostrado, con pasmosa claridad, que dicho enfoque no funciona —ni funcionará— para combatir adecuadamente la criminalidad callejera.

Inclusive, hay análisis que establecen que el enfoque punitivo-policial en contra del narcotráfico lo que hace es: (1) fomentar y aumentar los actos violentos en las calles; y (2) aumentar las posibilidades de que personas que no están relacionadas con el narcotráfico mueran abatidas a tiros.[ccxciii]

Con eso en mente, valga saber que la mejor prueba de que el enfoque punitivo-policial es obsoleto y socialmente peligroso, es el hecho de que las luchas armadas entre los narcotraficantes por el control de los puntos de ventas de drogas se suelen tornar más violentas y numerosas cuando ciertos narcos, por culpa de las intervenciones de las agencias del orden público, «desean obtener el control de los puntos desarticulados momentáneamente por el Gobierno.»[ccxciv]

Dicho eso, es pertinente hacer un paréntesis para decir que los incompetentes administradores de las agencias estatales del orden público han estado años diciendo una imbecilidad de enormes proporciones, a saber, que las intervenciones policiales en los puntos de ventas de drogas y las enormes incautaciones de drogas ocasionan escasez de drogas en las calles.

Sobre esto, tenemos que decir que eso es, ha sido y será un embuste de grandes proporciones. Puesto que son muchísimos los análisis que se han realizado que establecen, en lo pertinente, que las confiscaciones de drogas y «las intervenciones para desmantelar puntos de drogas no provocan escasez, ni disminuyen la oferta, ni merman la demanda.»[ccxcv]

Recuerde que en Puerto Rico, por más que lo quieran negar fanáticos de la prohibición, la droga siempre ha tenido gran facilidad para entrar y circular por el pequeño territorio borinqueño. Así, los cargamentos de drogas entran por aviones, barcos, correos privados y, en estos últimos tiempos, a través de submarinos.

Sin contar que, estratégicamente hablando, los narcotraficantes más poderosos —como los jefes de los cárteles de la droga— siempre han considerado —y considerarán mientras Estados Unidos de América mantenga una política de prohibición— a Puerto Rico como un buen lugar para almacenar y enviar toneladas de drogas.

¿Saben por qué? Porque «la posición geográfica de Puerto Rico, junto con su relación político-económica con Estados Unidos de América, hacen de esta isla caribeña un lugar idóneo para traficar drogas ilegales a Norteamérica y las Antillas Menores.»[ccxcvi]

Cerrado el paréntesis, debe tenerse en cuenta que otro asunto que demuestra que las metodologías de trabajo de las agencias del orden público fomentan e invitan a muchas personas a cometer actos delictivos, es la cuestión de estar tratando a los usuarios de drogas como criminales. Cuando en un país se tratan a los adictos a drogas callejeras como criminales, y se les arresta por el simple hecho de poseer drogas ilegales, lo que se está haciendo es llenando las cárceles con enfermos mentales y con criminales de poca importancia.

De hecho, el enfoque punitivo-policial es tan deficiente que: (1) las cárceles de Puerto Rico están llenas de enfermos mentales —y aquí hay que incluir a los adictos que cometen fechorías para comprar drogas— y de criminales de poca monta; y (2) las enormes cantidades de arrestos y encarcelamientos no han logrado bajar los índices de criminalidad en Puerto Rico.

Valga saber que dijimos que Puerto Rico tiene una enorme tasa de encarcelamiento de criminales de poca monta por razón de que varios análisis han reflejado, para consternación de los fanáticos del enfoque punitivo-policial, que la tasa de confinados: (1) es de 316 reos por cada 100,000 habitantes; y (2) es muy superior a la de otros países. Y sobre el punto antes mencionado, no está de más recordar que «en México hay 208 confinados por igual proporción, mientras que en Turquía el indicador son 155 confinados.»[ccxcvii]

Pero esto es más lamentable todavía. ¿Saben por qué? Porque para que un país trate a los adictos como criminales, es obvio que los políticos de dicho país y los administradores de las agencias del orden público: (1) han decidido rechazar las informaciones científicamente validadas que versan sobre las adicciones; (2) han decidido rechazar la ciencia y el conocimiento; y (3) han decidido, de la nada y sin fundamentos científicamente validados, catalogar la adicción como crimen.

Y al hacerse todo eso, es obvio que se renuncia a la data científica que demuestra: (1) que los usuarios de drogas son unos enfermos mentales; y (2) que establecer un agresivo programa de medicalización de drogas, junto a un buen programa de prevención, bajan sustancialmente los índices de criminalidad callejera.

Y si profundizamos más todavía, también veremos que la política de prohibición de drogas lo que hace es convirtiendo a muchos enfermos mentales en unos peligrosos criminales. Expresamos eso porque muchos adictos a drogas callejeras, al no contar con lugares en donde se les provean sus dosis de drogas de maneras gratuitas, tienen que cometer actuaciones delictivas en aras de obtener los chavos suficientes para comprar sus dosis de drogas.

Por eso es que uno puede ver que por las violentas y sucias calles de Puerto Rico hay un montón de adictos a drogas que, armados con armas de fuego y/o con armas blancas, se pasan cometiendo escalamientos, robos y, en algunas ocasiones, asesinatos. Y esto nos ha hecho recordar un triste caso que ocurrió en el municipio de Patillas, Puerto Rico. Allí, durante el año 2012, dos adictos a drogas que estaban cometiendo un delito dentro de los predios de una gasolinera asesinaron a un agente de la *Policía de Puerto Rico*.[ccxcviii]

En fin, todo parece indicar que los administradores de las agencias del orden público y los políticos tienen un elevado grado de imbecilidad que les impide ver, entre otros asuntos, que la legalización de las drogas y la medicalización de las drogas bajan sustancialmente los índices criminales que están relacionados con las conductas violentas. Sin contar que esa enorme imbecilidad también no les permite comprender que las políticas de prohibición provocan «corrupciones y fraudes.»[ccxcix]

Llegados a este punto de la discusión, entendemos que no podemos dejar de aprovechar esta oportunidad para manifestar dos asuntos que nos preocupan sobre el sistema de justicia criminal puertorriqueño. Y lo que nos preocupa es que muchos fiscales y muchos agentes del orden público, casi siempre por instrucciones de sus jefes, en muchas ocasiones tienden a someter cargos criminales: (1) por presión de la prensa; y (2) para complacer la opinión pública.

Por eso es que uno puede ver que cuando muchos de esos casos llegan a los tribunales de justicia, muchos de ellos se desestiman por faltas de pruebas. Sin contar que uno puede ver, a cada rato, a confinados saliendo de las cárceles por motivo de que se descubrió, posteriormente, que eran inocentes de los cargos imputados.[ccc]

El otro asunto que nos preocupa, es la utilización de los medios de comunicación: (1) para intimidar a la ciudadanía; (2) para contaminar a los posibles juzgadores de los hechos que vayan a tomar decisiones en los casos criminales; y (3) para joder reputaciones. Sobre el primer señalamiento, hemos llegado a la conclusión que las agencias estatales de ley y orden hacen eso con el fin de compensar su enorme incompetencia y su enorme dejadez con relación a la persecución de los delitos. Nos explicamos.

Es indudable que una adecuada utilización de la prensa para llevarle el mensaje al *pueblo* de que se están efectuando arrestos e intervenciones policiales, puede llevar a muchas personas a comportarse de las maneras que desea el Gobierno. Pero el gran problema con eso es que el culero y politizado *Gobierno de Puerto Rico* tiende a realizar investigaciones de pesca sobre la vida de los famosos, en aras de encontrar algo delictivo, radicar las correspondientes denuncias y llamar a los medios de prensa.

El mejor ejemplo que se puede utilizar para explicar eso lo provee, indudablemente, el *Departamento de Hacienda de Puerto Rico* y el *Departamento de Justicia de Puerto Rico*.

Decimos eso por motivo de que esas dos agencias gubernamentales, cada vez que se acercan las fechas límite que tienen los ciudadanos para radicar sus planillas de contribución sobre ingresos y para efectuar sus correspondientes pagos contributivos, se unen para radicar «cargos criminales por evasión contributiva contra personas conocidas o de cierto renombre en nuestra sociedad con el expreso propósito de asustar a la ciudadanía en general y motivarla a cumplir con su obligación contributiva.»[ccci]

Y el gran problema de esas actuaciones, como sabe todo estudioso del Derecho, es que el *Gobierno de Puerto Rico* comete una acción que raya en una conducta impermisible llamada procesamiento selectivo.

¿Y por qué es un procesamiento selectivo? Porque esos procesamientos criminales en contra de personas famosas con el fin de utilizarlas como ejemplos son, incuestionablemente, unas discriminadoras acciones en la aplicación de las leyes. Decimos eso porque esos procesamientos criminales en contra de los famosos: (a) dan a entender que se presentaron meramente por motivo de la fama de las personas; y (b) se salen de la normatividad gubernamental, que, por lo regular, tiende a ser menos rigurosa con los ciudadanos comunes y corrientes.

Sobre el segundo y tercer señalamiento que manifestamos en contra de ciertas actuaciones de la prensa, tenemos que decir que conductas como ésas no sólo son actos de mala fe, también son violaciones al debido proceso de ley. Nos explicamos.

Se supone que las agencias del orden público, una vez recopilen las evidencias de los casos: (1) protejan tales evidencias; y (2) no permitan que tales evidencias, antes de los juicios, vayan a parar a manos de la prensa. Sin embargo, en Puerto Rico es común que las agencias de ley y orden, tanto las estatales como las federales, filtren informaciones a la prensa: (a) con el fin de perjudicar las defensas de los imputados de delitos; y (b) con el fin de perjudicar la reputación de ciertas personas.[cccii]

Por último, entendemos que no podemos cerrar esta sección sin realizar una justa observación. Aunque hemos estado diciendo que el sistema de justicia criminal puertorriqueño es una mierda, la realidad es que la sociedad civil también tiene mucha culpa de que Puerto Rico, a pesar de recibir millones de dólares en fondos federales, se haya convertido en un violento estercolero criminal. Nos explicamos.

En Puerto Rico, en donde la mayoría de las personas se jactan ser valientes, la inmensa mayoría de las personas esperan que los agentes del orden público sean los únicos que realicen actos encaminados a procesar criminalmente a los malhechores, particularmente a los más peligrosos y odiosos.

Por eso es que uno puede ver que en la isla hay poca cooperación ciudadana hacia el trabajo policial. Sin contar que abundan los que no cooperan con las agencias del orden público ni testifican en los tribunales por razón de que les tienen miedo a los criminales, particularmente a los narcotraficantes.

Es indudable que de esa irresponsable manera los agentes del orden público, que les pagan unos salarios pésimos, no pueden realizar sus trabajos de las maneras deseadas. Se supone que la ciudadanía, dentro de un *Estado de Derecho* basado en la vida democrática, ayude a los agentes policiales —por lo menos— denunciando a los malhechores y sirviendo como testigos en los procesos judiciales en contra de los malhechores.

Sin esas ayudas, es prácticamente imposible procesar legal y adecuadamente a los ciudadanos delincuentes. Por eso es que entendemos que a las nuevas generaciones, y decimos a las nuevas generaciones por razón de que las viejas generaciones ya están jodidas y desperdiciadas, se les debe enseñar que la vida democrática no sólo es pedir y reclamar derechos.

Hay que enseñarles que detrás de cada derecho hay un sinnúmero de deberes ciudadanos. También hay que enseñarles —y si se hace desde temprana edad mejor— que los ciudadanos, especialmente si viven en un país democrático en donde impera el respeto hacia el debido proceso de ley, no pueden «esperar que las agencias de ley y orden sean las únicas que atajen el crimen o combatan la criminalidad.»[ccciii]

Pero esto que estamos discutiendo se torna más lamentable. ¿Saben por qué? Por motivo de que la inmensa mayoría de los habitantes de Puerto Rico han sucumbido a una de las consecuencias más nefastas que causa el crimen, a saber: (1) se han acostumbrado al crimen; y (2) se han insensibilizado por culpa del crimen.[ccciv]

Por eso es que es común que en la isla se cuenten los asesinados como si fueran perros muertos. Sin contar que dicho desmadre mental ha llegado al nivel de que los boricuas celebren, durante un fin de semana cualquiera, que los asesinos hayan matado menos personas que los fines de semana anteriores.

Y si seguimos profundizando dentro de ese lamentable asunto, lograremos notar que toda esa insensibilidad y habituación al crimen ha ocasionado que el *Pueblo de Puerto Rico* esté tan embrutecido que, para su propio perjuicio, no se percate: (1) del enorme problema criminal que hay en la isla; ni (2) de la enorme cultura de violencia y pillaje que hay en la isla.

Sin contar que también lograremos ver que la inmensa mayoría de los habitantes de Puerto Rico, por estar insensibilizados y acostumbrados al crimen y a la charlatanería, se ofenden y se sienten indignados cuando alguien critica, teniendo los motivos fundados para ello: (1) la cultura de violencia que hay en Puerto Rico; (2) el estercolero social que hay en Puerto Rico; (3) la cultura de pillaje que hay en Puerto Rico; y (4) el hecho de que la mayoría de los boricuas aman el consumismo y los asuntos intelectualmente banales.

En fin, por eso entendemos que las palabras del **Maestro Bertolt Brecht** —un afamado poeta y dramaturgo alemán— le aplican a la violenta y consumista sociedad puertorriqueña. ¿Saben por qué escribimos eso? Porque el Maestro Brecht manifestó, acertadamente, que «cuando el delito se multiplica nadie quiere verlo.»[cccv]

Ahora bien, esto que estamos discutiendo se torna más nauseabundo todavía. ¿Saben por qué? Por motivo de que en Puerto Rico hay muchos sectores, en especial arrabales y residenciales públicos, que: (1) se han convertido en unas narco-comunidades; y (2) se han convertido en unas narcozonas en donde las habituaciones al crimen son increíblemente intolerables. Al punto de que se rechaza toda presencia policial, incluso cuando dichas presencias policiales son meramente preventivas y por el bien de las comunidades.[cccvi]

Dicho eso, debe notarse que manifestamos antes que el *Pueblo de Puerto Rico* tiene la peculiar característica de que adora votar por los peores políticos que aparecen en las papeletas. Y la mejor prueba sobre eso es que uno puede ver que la inmensa mayoría de los boricuas, a la hora de votar, tienden a votar por los políticos que han demostrado ser culeros, fuleros e ineficaces. Sin contar que también tienden a votan por políticos que —y esto sí que es bien increíble— han estado involucrados en escándalos que mancillan la buena reputación que deben tener los funcionarios públicos electos.[cccvii]

Pues bien, si trasladamos eso al asunto criminal veremos que la inmensa mayoría de los políticos del patio piensan, al igual que la inmensa mayoría de los votantes, que la violencia, la criminalidad y la fuerte cultura de marrullería que impera en la isla son unos asuntos que pueden desaparecer o minimizarse con la mera aprobación de legislaciones y reglamentaciones.

Por eso es que en Puerto Rico, a pesar de que se aprueban leyes todos los meses para dizque mejorar la calidad de vida, la dura realidad demuestra:

(1) que las leyes no sirven para mejorar la calidad de vida; y

(2) que los criminales se pasan por sus nalgas, especialmente cuando están cagadas, la inmensa mayoría de las leyes y la inmensa mayoría de los valores sociales.

Realmente es bien sorprendente ver que todavía, en este siglo XXI, hay muchísimas personas que piensan que con la mera aprobación de leyes punitivas se puede mejorar la calidad de vida de un país. Y más sorprende el hecho de que todavía hay personas que creen que las conductas criminales, que algunas de ellas tienen sus raíces en asuntos biológicos y psicológicos, pueden desaparecer dentro de una sociedad por medio de la mera aprobación de leyes y reglamentos punitivos. Al parecer, la inmensa mayoría de los habitantes de Puerto Rico se han olvidado de que:

> *«No hay ley que tenga la capacidad de evitar su transgresión; mucho menos de poner límites a la creatividad que siempre produce formas de lograr que la transgresión pase desapercibida.»*[cccviii]

Pero esto que estamos discutiendo se pone más incomprensible todavía. ¿Saben por qué? Porque a pesar de que la mayoría de los boricuas quieren más leyes, más policías, más helicópteros policiales, más chalecos antibalas, más arrestos y más encarcelamientos, la realidad es que gran parte de la sociedad puertorriqueña: (1) se pasa violando las normativas jurídicas; y (2) muestran cierto grado de resistencia hacia la autoridad. De hecho, dentro del cerebro de gran parte de los boricuas «hay una renuencia a acatar las instrucciones de la autoridad.»[cccix]

Sobre eso, tomemos como ejemplo lo que ocurre con el asunto de la responsabilidad contributiva. Aunque uno puede escuchar que los boricuas desean que el Gobierno tenga fondos públicos disponibles para realizar obras, y aunque uno también puede escuchar a muchísimos boricuas pidiéndole al Gobierno que intervenga con los evasores contributivos, uno puede ver que muchísimos ciudadanos no rinden las planillas contributivas que vienen obligados a rendir. Mientras que otra gran parte de la sociedad, que se pasa exigiéndole al Gobierno que controle las distintas manifestaciones de la criminalidad, «se vale de trucos para burlar al *Departamento de Hacienda [de Puerto Rico]* y rendir menos de lo que le corresponde.»[cccx]

Otro asunto que demuestra el gran desmadre intelectual que existe dentro de la sociedad puertorriqueña, y que también ocasiona que en la isla exista un notable estercolero social en donde el crimen y la muerte estén asechando constantemente a gran cantidad de ciudadanos, es el hecho de que la inmensa mayoría de los habitantes de Puerto Rico son tan irresponsables que, por increíble que parezca, han preferido hacerle caso omiso a las múltiples orientaciones y campañas publicitarias que se realizan —ya sea por agencias gubernamentales o por empresas privadas— para tratar de mejorar la calidad de vida. Vamos a explicar eso con más calma.

Todos los años miles de profesionales y algunas agencias públicas se pasa realizando campañas, caminatas informativas, charlas y orientaciones sobre los daños que ocasionan: (1) los juegos de azar; (2) las drogas ilegales; (3) las bebidas embriagantes; y (4) los malos hábitos alimenticios. Sin contar que también se pasan realizando campañas que explican, y en algunos casos de maneras bien crudas, los estragos y las lamentaciones que ocasionan las mortíferas combinaciones de alcohol y conducción de vehículos de motor.

Pues bien, si se analiza lo que está ocurriendo en la sociedad borincana uno se puede percatar que a la inmensa mayoría de los puertorriqueños no les importan un carajo las campañas mencionadas, al punto de que todo apunta a que desean sufrir u ocasionar consecuencias relacionadas con las malas conductas señaladas.[cccxi]

Por eso es que uno puede ver que todos los años, por ejemplo, en esta pequeña y adicta isla de Puerto Rico:

(1) mueren cientos de personas por culpa de los(as) borrachos(as) que conducen bajo los efectos del alcohol;

(2) miles de personas resultan heridas como consecuencia directa de haber tenido un encuentro cercano con un conductor ebrio;

(3) cientos de personas terminan mutiladas por culpa de los ebrios; y

(4) miles de personas tienen que recibir tratamientos médicos como consecuencia directa del abuso del alcohol.

Antes de continuar, debemos realizar un pequeño paréntesis para decir que el punto antes mencionado, específicamente el número cuatro, no es una conducta criminal. Pues bien, valga saber que mencionamos ese punto por motivo de que la imbecilidad que existe en Puerto Rico con el asunto de la prevención es tan sorprendente que, para felicidad y beneficio de los médicos que adoran ganar mucho dinero, uno puede ver que toda esa imbecilidad y testarudez ha llevado a la sociedad de Puerto Rico a estar físicamente enferma.

Por eso es que uno puede ver que son numerosos los estudios que se pasan certificando que Puerto Rico se encuentra «entre los peores 15 en el mundo en (…) alta incidencia de muertes por enfermedades como la diabetes, el asma, y condiciones cardiovasculares.»[cccxii]

Sin contar que la cantidad de alcohólicos y alcohólicas que destruyen sus vidas con cada sorbo de alcohol es, tristemente, un asunto bien alarmante. Y eso sí que es un asunto que debe sorprender, puesto que en Puerto Rico se hacen muchísimas campañas y orientaciones que les explican a las personas que abusar del alcohol tiene un alto potencial de provocar quemaduras, ahogamientos, enfermedades hepáticas, intoxicaciones graves y, en el caso de las féminas, violaciones y embarazos no deseados.

Y no se puede pasar por alto que algunas de dichas campañas y orientaciones son tan buenas que, para beneficio de los participantes, también les explican a las personas que las consecuencias relacionadas con el abuso y la adicción al alcohol representan una pesada «carga económica y humana» para los países.[cccxiii]

Cerrado el paréntesis, ahora tenemos que decir que los habitantes de Puerto Rico se pasan exigiéndole al *Gobierno de Puerto Rico* que sea fuerte con la corrupción gubernamental. Sin embargo, como hemos dicho, las agencias del orden público no pueden hacer mucho en contra de la corrupción por razón de que: (1) la corrupción ha penetrado dentro de las altas esferas de las agencias estatales del orden público; y (2) el *Pueblo de Puerto Rico* es bien corrupto.

Tanto así, que nos atrevemos a decir: (1) que la corrupción se ha convertido en un «peligroso rasgo cultural»; y (2) que la corrupción dentro de las empresas privadas es sistemática y endémica.[cccxiv]

Acorde con lo que estamos discutiendo, ahora es momento de señalar una gran irresponsabilidad de los medios de comunicación. Como es sabido, en Puerto Rico hay muchas personas —entre ellas agentes del orden público— que desean que en Puerto Rico exista una mejor calidad de vida. Sin contar que también hay un sinnúmero de profesionales que, y muchas veces de forma gratuita, dedican parte de su tiempo para poner su granito de arena en la imposible misión de mejorar a la sociedad puertorriqueña.

También hay muchísimos medios de comunicación que, a través de sus plataformas informativas, exigen y desean una mejor calidad de vida. Sin embargo, la inmensa mayoría de los directivos de esos medios no son más que unos descarados hipócritas que, lamentablemente, juegan con la mente de los menos educados.

Expresamos eso por razón de que la inmensa mayoría de los medios comunicación se pasan criticando el desmadre social borinqueño pero, en otras instancias, fomentan directa e indirectamente el consumo de alcohol y el desarrollo de una vida llena de insignificancias sociales que les ocasionan enormes y significativos daños al intelecto, como por ejemplo, consumismo y asuntos relacionados con la farándula.

Sin contar que también hay muchísimos medios de comunicación, particularmente los más vistos, que fomentan que los ciudadanos incurran en actuaciones irresponsables y peligrosas.

Así, por ejemplo, hay muchísimos medios televisivos que, después de dar consejos adecuados y ejemplares, presentan anuncios que glorifican el consumo de alcohol o que «glorifican la mezcla letal del alcohol con la alta velocidad.»[cccxv]

Es indudable que eso es una irresponsabilidad motivada por el afán de lucro. Cómo carajos los medios van a estar pidiéndole al *Gobierno de Puerto Rico* que realice actos para mejorar la calidad de vida del país, si ellos mismos (los medios de comunicación) se pasan transmitiendo anuncios y programaciones que fomentan y desean todo lo contrario.

Por eso es que hemos llegado a la conclusión de que la mayoría de los medios de comunicación de Puerto Rico, que tienen agendas políticas, también tienen gran culpa: (1) de que las agencias del orden público estén sumamente cargadas de trabajo; y (2) de que la sociedad puertorriqueña se haya convertido, gracias al consumismo y a la glorificación del alcohol, del sexo irresponsable, de la farándula y de la narcovida, en un estercolero social lleno de problemas sociales.

Capítulo ocho
Frases y pensamientos

I. Frases y pensamientos del autor

➢ En Puerto Rico no debe haber ningún funcionario público, ni fiscales ni maestros, que gane un sueldo mayor que el de los policías. Balas, agresiones, humillaciones, insultos, cuchillazos y, sobre todo, una posible muerte en el cumplimiento del deber, es lo que la sociedad civil le pide a los policías que enfrenten todos los días. Y un trabajo como el mencionado, indudablemente, merece un sueldo altísimo y justísimo.

➢ Es indudable que Puerto Rico se ha convertido en un buen lugar para que una persona haga una carrera criminal, ya sea como criminal de cuello blanco o como traficante de drogas y armas. ¿Saben por qué escribimos eso? Porque la inmensa mayoría de los habitantes de Puerto Rico, lamentablemente, han perdido la capacidad de indignarse cuando el crimen se manifiesta. Por eso es que podemos decir que el puertorriqueño promedio se ha acostumbrado al crimen.

➤ En Puerto Rico, todos los días del año, ocurren cientos de incidentes de violencia entre parejas, y muchísimos de esos incidentes son vistos y/o escuchados por menores de edad. El gran problema con todo ese barbarismo que impera dentro de los hogares puertorriqueños, es que los menores de edad que se crían dentro de esas zonas de batallas domésticas aprenden, erróneamente, que la utilización de violencia dentro del seno familiar es una conducta adecuada.

Ahora bien, valga saber que esa conducta es fuertemente aprendida cuando el progenitor que es maltratado no hace nada para defenderse de su agresor. En esos casos, los pequeños testigos entienden que si el progenitor maltratado no ha hecho nada para defenderse, eso significa que es correcto que dentro de una relación de pareja uno domine sobre el otro, aunque sea a través de metodologías violentas.

Sin contar que las peleas domésticas que son escuchadas y/o vistas por los niños, indudablemente, también les enseñan que la violencia es una forma adecuada para obligar a una pareja a realizar ciertas acciones. También aprenden que en las relaciones de pareja una de las partes tiene que mandar, y que la posición de mandador se puede obtener a fuerza de golpes, gritos, insultos y humillaciones.

➢ Mi amigo, no se moleste tanto con los medios de comunicación de Puerto Rico. Recuerde que las programaciones de los medios de comunicación de Puerto Rico son, indudablemente, un reflejo de lo que ocurre en la consumista, culera y hedonista sociedad puertorriqueña. Por consiguiente, si los medios de comunicación les abren las puertas a los embusteros, a los teatreros y a los farsantes con gran facilidad, es por razón de que la sociedad puertorriqueña, que no se caracteriza por tener gran profundidad intelectual, lo desea.

➢ Realmente es bien ridículo ver que diversos grupos realicen, cada año, caminatas y campañas que exhortan a minimizar o eliminar la ejecución de acciones violentas en Puerto Rico. Decimos que eso es ridículo por razón de que a los delincuentes, especialmente a los narcotraficantes y a los sicarios, no les importan un carajo dichas actividades. Sin contar que los agresores domésticos, como las personas que golpean a sus parejas y/o a sus hijos, ejecutan sus actos maltratantes cuando lo desean.

➢ La mayoría de los medios noticiosos que operan en Puerto Rico son pura pacotilla, puesto que escasean: (1) los reportajes profundos e investigativos; y (2) los análisis balanceados.

➢ Es indudable que Puerto Rico es la capital del truco, puesto que los fraudes y los engaños están a la orden día. Ahora bien, pensamos que lo más tétrico de la cultura de engaño que hay en Puerto Rico es que gran cantidad de adultos, para su vergüenza, les dejan saber a los menores de edad que el engaño, en ciertas ocasiones, no es tan malo. Inclusive, hay adultos que les dicen a los menores que mentir en documentos públicos y privados es, en ciertas ocasiones, una necesidad. Por eso es que uno puede ver que la cultura de engaño no desaparece ni desaparecerá en Puerto Rico.

➢ La mejor evidencia que demuestra que la educación sexual en Puerto Rico es, además de *cuasi* inexistente, una mierda, es el hecho de que es demasiado común ver en muchas de nuestras escuelas públicas y caminando por las calles a un montón de nenitas embarazadas que, en vez de estar pensando en estudios, libros, metas y sueños, están pensando en espermas, bichos, corridas y chingoteos.

Referencias

[i] Efrén Rivera Ramos. **Violencia y corrupción.** (2007, 24 de septiembre). Guaynabo, Puerto Rico.: *El Nuevo Día.* Recuperado el 30 de septiembre de 2006, de http://www.adendi.com/.

[ii] Marga Parés Arroyo. **Rampante la violencia.** (2010, abril). Guaynabo, Puerto Rico.: *El Nuevo Día.* Recuperado el 30 de diciembre de 2010, de http://www.elnuevodia.com/.

[iii] Nelson Berríos. **Hay que decirlo.** (2006, 30 de agosto). Guaynabo, Puerto Rico.: *Primera Hora.* Recuperado el 30 de agosto de 2006, de http://www.primerahora.com/.

[iv] Joel Ortiz Rivera. **Aquí hay una obsesión por las armas.** (2009, enero). *El Nuevo Día.* Guaynabo, Puerto Rico. [Versión electrónica].

[v] María de Lourdes Guzmán. **¿País de ley y orden?** (2007, 14 de abril). Guaynabo, Puerto Rico.: *El Nuevo Día.* Recuperado el 30 de abril de 2007, de http://www.adendi.com/.

[vi] Yanira Hernández Cabiya. (2006). **Mal social la evasión.** Guaynabo, Puerto Rico.: *El Nuevo Día.* Recuperado el 13 de abril de 2006, de http://www.endi.com/.

[vii] **Federales dejan al municipio de Lares sin empleados.** (2011). Guaynabo, Puerto Rico.: *El Nuevo Día.* [Versión electrónica].

[viii] Mildred Rivera Marrero. **Apuntan al 2011 como un año de horror.** (2011). Guaynabo, Puerto Rico.: *El Nuevo Día.* [Versión electrónica].

[ix] Ricardo Cortés Chico. **Financia la droga, pero no se quema.** (2009, febrero). *El Nuevo Día.* Guaynabo, Puerto Rico. [Versión electrónica].

[x] Hernán Padilla. (2008). **La justicia penal clama por un cambio.** *El Nuevo Día.* Guaynabo, Puerto Rico. [Versión electrónica].

[xi] Gazir Sued. **Criminalidad, prohibición y ley.** (2010, marzo). Guaynabo, Puerto Rico.: *El Nuevo Día.* Recuperado el 30 de diciembre de 2010, de http://www.elnuevodia.com/.

[xii] Luis Dávila Colón. **Así es que no funciona.** (2006, 19 de abril). San Juan, Puerto Rico.: *El Vocero de Puerto Rico.* Recuperado el 19 de abril de 2006, de http://www.vocero.com/.

[xiii] **Indefinido el porcentaje de deserción escolar.** (2006, 20 de febrero). Guaynabo, Puerto Rico.: *Primera Hora.* Recuperado el 20 de febrero de 2006, de http://www.primerahora.com/.

[xiv] Roldán, C. (2004, 28 de enero) **Bajo estudio las motivaciones de la deserción.** Guaynabo, Puerto Rico.: *El Nuevo Día.* Recuperado el 28 de enero de 2004, de http://www.endi.com/.

[xv] **Inauguran centro educativo para ayudar a desertores escolares.** (2005, 27 de octubre). Guaynabo, Puerto Rico.: *El Nuevo Día.* Recuperado el 27 de octubre de 2005, de http://www.endi.com/.

[xvi] Jackeline Del Toro Cordero. **Devastador el reflejo de la Isla en el censo de la pasada década.** (2011). San Juan, Puerto Rico.: *El Vocero de Puerto Rico.* [Versión electrónica].

[xvii] González-Torres, D. (2006, 23 de enero). **Cada vez sabemos menos.** Guaynabo, Puerto Rico.: *El Nuevo Día.* Recuperado el 23 de enero de 2006, de http://www.endi.com/.

[xviii]Yanira Hernández Cabiya. (2006). **Choca con el New York Times Acevedo Vilá**. Guaynabo, Puerto Rico.: *El Nuevo Día*. [Versión electrónica].

[xix]Jackeline Del Toro Cordero. **Devastador el reflejo de la Isla en el censo de la pasada década**. (2011). San Juan, Puerto Rico.: *El Vocero de Puerto Rico*. [Versión electrónica]. Léase, además: **Puerto Rico, an Island in Distress**. (2006, 23 de octubre). Nueva York, EE.UU.: *The New York Times*. Recuperado el 31 de diciembre de 2006, de http://www.nytimes.com/.

[xx]**Puerto Rico: ser joven en la recesión**. (2010). Londres, Reino Unido.: *British Broadcasting Corporation (BBC)*. Recuperado el 31 de diciembre de 2011, de http://news.bbc.co.uk/hi/spanish/news/.

[xxi]Celina Romany. (2007, 8 de diciembre) **¿Feliz Año Nuevo?** Guaynabo, Puerto Rico.: *El Nuevo Día*. Recuperado el 31 de diciembre de 2007, de http://www.elnuevodia.com/.

[xxii]Luís Dávila Colón. (2006, 11 de marzo). **Escuela de burritos**. San Juan.: *El Vocero de Puerto Rico*. Recuperado el 11 de marzo de 2006, de http://www.vocero.com/.

[xxiii]Valeria Perasso. **Florida, destino dorado para los puertorriqueños**. (2011). Londres, Reino Unido.: *British Broadcasting Corporation (BBC)*. Recuperado el 30 de diciembre de 2011, de http://news.bbc.co.uk/.

[xxiv]Valeria Perasso. **Florida, destino dorado para los puertorriqueños**. (2011). Londres, Reino Unido.: *British Broadcasting Corporation (BBC)*. Recuperado el 30 de diciembre de 2011, de http://news.bbc.co.uk/hi/spanish/news/.

[xxv]Exposición de Motivos del **Proyecto de la Cámara de Representantes del Estado Libre Asociado de Puerto Rico Número 1570**, de 4 de mayo de 2009. Léase, además: **Psiquiatras reaccionan ante crisis de salud mental en Puerto Rico**. (2011). Guaynabo, Puerto Rico.: *El Nuevo Día*. [Versión electrónica].

[xxvi]María de Lourdes Guzmán. **¿País de ley y orden?** (2007, 14 de abril). Guaynabo, Puerto Rico.: *El Nuevo Día*. Recuperado el 30 de abril de 2007, de http://www.adendi.com/.

[xxvii]**A investigar la salud mental boricua**. (2010, agosto). Guaynabo, Puerto Rico.: *El Nuevo Día*. [Versión electrónica].

[xxviii]**La OMS propone medidas para evitar la exclusión de los enfermos mentales**. (2001). *Canal Solidario*. Madrid, España. Información consultada el 27 de septiembre de 2008, de http://www.canalsolidario.org/.

[xxix]Padilla, H. (2011). **Descomposición social**. Guaynabo, Puerto Rico.: *El Nuevo Día*. [Versión electrónica].

[xxx]Montero, M. (2011). **Luz**. Guaynabo, Puerto Rico.: *El Nuevo Día*. [Versión electrónica].

[xxxi]Editorial de El Vocero. (2011). **El dramatismo de una esquela en la portada**. San Juan, Puerto Rico.: *El Vocero de Puerto Rico*. [Versión electrónica].

[xxxii]Ana Teresa Toro. **Impregnada la violencia en el diario vivir**. (2011). Guaynabo, Puerto Rico.: *El Nuevo Día*. [Versión electrónica].

[xxxiii]Joel Ortiz Rivera. **Aquí hay una obsesión por las armas**. (2009, enero). *El Nuevo Día*. Guaynabo, Puerto Rico. [Versión electrónica].

[xxxiv]Editorial de El Nuevo Día. **Rehabilitar a la sociedad entera**. (2008, 25 de junio). *El Nuevo Día*. Guaynabo, Puerto Rico. [Versión electrónica].

xxxvEditorial de El Nuevo Día. **Rehabilitar a la sociedad entera**. (2008, 25 de junio). *El Nuevo Día*. Guaynabo, Puerto Rico. [Versión electrónica].

xxxvi**Gobernador presenta varias medidas a la Legislatura**. (2005, 14 de octubre). Estado Libre Asociado de Puerto Rico.: *La Fortaleza*. Recuperado el 13 de abril de 2006, de http://www.fortaleza.gobierno.pr/.

xxxviiJoel Ortiz Rivera. **Aquí hay una obsesión por las armas**. (2009, enero). *El Nuevo Día*. Guaynabo, Puerto Rico. [Versión electrónica].

xxxviiiCésar R. Vázquez Días. **Modelo**. (2008, 14 de febrero). Guaynabo, Puerto Rico.: *El Nuevo Día*. [Versión electrónica].

xxxixGabriela Torres. **No lloro, pero sí que pego**. (2006, 24 de noviembre). Londres, Reino Unido.: *British Broadcasting Corporation(BBC)*. Recuperado el 30 de diciembre de 2006, de http://news.bbc.co.uk/.

xlGabriela Torres. **No lloro, pero sí que pego**. (2006, 24 de noviembre). Londres, Reino Unido.: *British Broadcasting Corporation(BBC)*. Recuperado el 30 de diciembre de 2006, de http://news.bbc.co.uk/.

xliJoel Ortiz Rivera. **Aquí hay una obsesión por las armas**. (2009, enero). *El Nuevo Día*. Guaynabo, Puerto Rico. [Versión electrónica].

xliiAlberto Medina Carrero. (2011). **La unión puertorriqueña**. San Juan, Puerto Rico.: *Derecho y escritura*. Información consultada el 31 de diciembre de 2011, de http://derechoyescritura.blogspot.com/.

xliii**The Nation destaca la crisis policial en Puerto Rico**. (2011). Guaynabo, Puerto Rico.: *El Nuevo Día*. [Versión electrónica].

xliv**Qué desmadre en la Policía**. (2011). Guaynabo, Puerto Rico.: *Primera Hora*. [Versión electrónica]; **El informe punto a punto**. (2011). San Juan, Puerto Rico.: *Noticel*. Información consultada el 29 de diciembre de 2011, de http://www.noticel.com/; **The Nation destaca la crisis policial en Puerto Rico**. (2011). Guaynabo, Puerto Rico.: *El Nuevo Día*. [Versión electrónica].

xlv**El informe punto a punto**. (2011). San Juan, Puerto Rico.: *Noticel*. Información consultada el 29 de diciembre de 2011, de http://www.noticel.com/; **AI denuncia la violencia policial contra manifestantes en Puerto Rico**. (2011). California, EE.UU.: *Noticias Yahoo*. Consultado el 28 de diciembre de 2011, de http://espanol.news.yahoo.com/.

xlvi**El informe punto a punto**. (2011). San Juan, Puerto Rico.: *Noticel*. Información consultada el 29 de diciembre de 2011, de http://www.noticel.com/; **La policía de Puerto Rico: una fuerza fracturada**. (2011). Londres, Reino Unido.: *British Broadcasting Corporation (BBC)*. Recuperado el 30 de diciembre de 2011, de http://news.bbc.co.uk/; **Obligada la Uniformada a limpiar la casa**. (2011). Guaynabo, Puerto Rico.: *El Nuevo Día*. [Versión electrónica].

xlviiOscar J. Serrano. **Gob. federal: la Policía está rota**. (2011). San Juan, Puerto Rico.: *Noticel*. Información consultada el 29 de diciembre de 2011, de http://www.noticel.com/.

xlviiiCésar Romero Reyes. **La ley del revólver**. (2007, 11 de enero). Guaynabo, Puerto Rico.: *El Nuevo Día*. Recuperado el 31 de enero de 2007, de http://www.adendi.com/.

xlixJosé A. Delgado. **Pobre el panorama económico de la Isla**. (2006, 3 de junio). Guaynabo, Puerto Rico.: *El Nuevo Día*. Recuperado el 3 de junio de 2006, de http://www.endi.com/.

[i] Luis Dávila Colón. **Así es que no funciona**. (2006, 19 de abril). San Juan, Puerto Rico.: *El Vocero de Puerto Rico*. Recuperado el 19 de abril de 2006, de http://www.vocero.com/.

[ii] Oscar J. Serrano, (2006). **Hay mucha gente pero muy pocos trabajan**. Guaynabo, Puerto Rico.: *Primera Hora*. Recuperado el 20 de mayo de 2006, de http://www.primerahora.com/.

[iii] Juan M. García Passalacqua. **Los $1,495,000,000 anuales para 1,054,872 dependientes colonizados**.(2006, 22 de septiembre). San Juan, Puerto Rico.: *El Vocero de Puerto Rico*. Recuperado el 21 de septiembre de 2006, de http://www.vocero.com/; José A. Delgado. **Pobre el panorama económico de la Isla**. (2006, 3 de junio). Guaynabo, Puerto Rico.: *El Nuevo Día*. Recuperado el 3 de junio de 2006, de http://www.endi.com/.

[liii] Daniel Rivera Vargas. **Seduce el dinero al narcotráfico**. (2006, 7 de octubre). Guaynabo, Puerto Rico.: *El Nuevo Día*. Recuperado el 8 de octubre d e 2006, de http://www.adendi.com/.

[liv] Yennifer Álvarez Jaimes. (2011). **La Isla perdería $20 mil millones anuales con la independencia**. San Juan, Puerto Rico.: *El Vocero de Puerto Rico*. Recuperado el 21 de septiembre de 2011, de http://www.vocero.com/; Ricardo Roselló Nevares. (2011) **¿Desarrollo o decadencia?** San Juan, Puerto Rico.: *El Vocero de Puerto Rico*. [Versión electrónica]. Léase, además: Juan M. García Passalacqua. **Los $1,495,000,000 anuales para 1,054,872 dependientes colonizados**. (2006, 22 de septiembre). San Juan, Puerto Rico.: *El Vocero de Puerto Rico*. Recuperado el 21 de septiembre de 2006, de http://www.vocero.com/.

[lv] José A. Delgado. **Pobre el panorama económico de la Isla**. (2006, 3 de junio). Guaynabo, Puerto Rico.: *El Nuevo Día*. Recuperado el 3 de junio de 2006, de http://www.endi.com/. Léase, además: Congreso Nacional Hostosiano. (2003). **El mito de las ayudas federales**. San Juan, Puerto Rico.: *Bandera Roja*. Información consultada el 11 de enero de 2011. [Versión electrónica].

[lvi] Jackeline Del Toro Cordero. **Devastador el reflejo de la Isla en el censo de la pasada década**. (2011). San Juan, Puerto Rico.: *El Vocero de Puerto Rico*. [Versión electrónica].

[lvii] Mildred Rivera Marrero. **Apuntan al 2011 como un año de horror**. (2011). Guaynabo, Puerto Rico.: *El Nuevo Día*. [Versión electrónica]; Ricardo Cortés Chico. **Presidente de México minimiza asesinatos en su país al compararlos con la tasa de crímenes en Puerto Rico**. (2011). Guaynabo, Puerto Rico.: *El Nuevo Día*. Recuperado el 30 de diciembre de 2011, de http://www.elnuevodia.com/.

[lviii] Ricardo Cortés Chico. **Presidente de México minimiza asesinatos en su país al compararlos con la tasa de crímenes en Puerto Rico**. (2011). Guaynabo, Puerto Rico.: *El Nuevo Día*. Recuperado el 30 de diciembre de 2011, de http://www.elnuevodia.com/.

[lix] Domenech, L. (2011). **Crimen y negocio**. Guaynabo, Puerto Rico.: *El Nuevo Día*. Recuperado el 30 de diciembre de 2011, de http://www.elnuevodia.com/. Léase, además: Javier Colón Dávila. **Un país armado hasta los dientes**. (2010, febrero). Guaynabo, Puerto Rico.: *El Nuevo Día*. [Versión electrónica]; Joel Ortiz Rivera. **Aquí hay una obsesión por las armas**. (2009, enero). *El Nuevo Día*. Guaynabo, Puerto Rico. [Versión electrónica].

[lx] Serrano, O. (2011). **PR: Primeros mundialmente en muertes por balazos**. San Juan, Puerto Rico.: *Centro de Periodismo Investigativo*. Información consultada el 31 de diciembre de 2011, de http://www.cpipr.org/inicio/. Léase, además: Camile Roldán Soto. **Por la libre las armas ilegales**. (2010, enero). Guaynabo, Puerto Rico.: *El Nuevo Día*. Recuperado el 30 de diciembre de 2010, de http://www.elnuevodia.com/.

lxiBuscan abogado para puertorriqueña en Japón. (2006). Guaynabo, Puerto Rico.: *Primera Hora*. [Versión electrónica].

lxiiIleana Delgado Castro. La violencia es vista como un síntoma. (2008, 28 de octubre). *El Nuevo Día*. Guaynabo, Puerto Rico. Recuperado el 31 de diciembre de 2008, de http://www.elnuevodia.com/.

lxiii250,000 boricuas en cárceles de EE.UU. (2007, 27 de diciembre). Guaynabo, Puerto Rico.: *El Nuevo Día*. Recuperado el 31 de diciembre de 2007, de http://www.elnuevodia.com/.

lxivEudaldo Báez Galib. Aquí si hay terrorismo. (2006, 7 de agosto). San Juan, Puerto Rico.: *El Vocero de Puerto Rico*. Recuperado el 7 de agosto de 2006, de http://www.vocero.com/.

lxvLuis Dávila Colón. Así es que no funciona. (2006, 19 de abril). San Juan, Puerto Rico.: *El Vocero de Puerto Rico*. Recuperado el 19 de abril de 2006, de http://www.vocero.com/.

lxvilxviPensión Alimenticia. (2010). *Rama Judicial de Puerto Rico*.: Gobierno del Estado Libre Asociado de Puerto Rico. Recuperado el 31 de diciembre de 2010, de http://www.tribunalpr.org/.

lxviiAurora Rivera. Cumplimiento del deber. (2007, 1 de junio). Guaynabo, Puerto Rico.: *El Nuevo Día*. Recuperado el 30 de junio de 2007, de http://www.endi.com/. Léase, además: Incumplir con pensión alimenticia será considerado como delito. (2010). México, Latinoamérica.: *El Informador*. [Versión electrónica].

lxviiiIn re: Hon. Charlie Rodríguez, *99 TSPR 104*.

lxixFrancisco Rodríguez-Burns. (2010). Solicitan actualizar tablas de Asume. Guaynabo, Puerto Rico.: *Primera Hora*. [Versión electrónica].

lxx Pablo A. Jiménez. Que se maten entre ellos. (2011). Guaynabo, Puerto Rico.: *El Nuevo Día*. [Versión electrónica].

lxxiEditorial de El Nuevo Día. El fraude se paga caro. (2009, diciembre). Guaynabo, Puerto Rico.: *El Nuevo Día*. Recuperado el 30 de diciembre de 2009, de http://www.elnuevodia.com/.

lxxiiEditorial de El Nuevo Día. El fraude se paga caro. (2009, diciembre). Guaynabo, Puerto Rico.: *El Nuevo Día*. Recuperado el 30 de diciembre de 2009, de http://www.elnuevodia.com/.

lxxiiiValeria Perasso. Florida, destino dorado para los puertorriqueños. (2011). Londres, Reino Unido.: *British Broadcasting Corporation (BBC)*. Recuperado el 30 de diciembre de 2011, de http://news.bbc.co.uk/hi/spanish/news/; Eliván Martínez Mercado. Nación nómada. (2009, febrero). *El Nuevo Día*. Guaynabo, Puerto Rico. Recuperado el 31 de diciembre de 2009, de http://www.elnuevodia.com/.

lxxivLuis Dávila Colón. Así es que no funciona. (2006,19 de abril). San Juan, Puerto Rico.: *El Vocero de Puerto Rico*. Recuperado el 19 de abril de 2006, de http://www.vocero.com/.

lxxv250,000 boricuas en cárceles de EE.UU. (2007, 27 de diciembre). Guaynabo, Puerto Rico.: *El Nuevo Día*. Recuperado el 31 de diciembre de 2007, de http://www.elnuevodia.com/.

lxxviJosé A. Delgado. Diáspora y pobreza. (2009). Guaynabo, Puerto Rico.: *El Nuevo Día*. Recuperado el 30 de diciembre de 2009, de http://www.elnuevodia.com/.

lxxviiLilliam Irizarry. Más de la mitad de los puertorriqueños viven en EE.UU. (2008, diciembre). *Primera Hora*. Guaynabo, Puerto Rico. [Versión electrónica].

[lxxviii]Jaime Torres Torres. **Salvemos a Borinquen.** (2006, 23 de abril). Guaynabo, Puerto Rico. *El Nuevo Día.* Recuperado el 23 de abril de 2006, de http://www.endi.com/.

[lxxix]Mariana Cobián. **Alarmante cifra de emigración boricua.** (2006, 1 de junio). Guaynabo, Puerto Rico.: *Primera Hora.* Recuperado el 1 de junio de 2006, de http://www.primerahora.com/.

[lxxx]Eliván Martínez Mercado. **Nación nómada.** (2009, febrero). *El Nuevo Día.* Guaynabo, Puerto Rico. Recuperado el 31 de diciembre de 2009, de http://www.elnuevodia.com/. Léase, además: Lilliam Irizarry. **Más de la mitad de los puertorriqueños viven en EE.UU.**. (2008, diciembre). *Primera Hora.* Guaynabo, Puerto Rico. [Versión electrónica]; Eugenio Hopgood Dávila. **Se repite el fenómeno de 1940 y 1950**. (2006, 29 de mayo). Guaynabo, Puerto Rico.: *El Nuevo Día.* Recuperado el 29 de mayo de 2006, de http://www.endi.com/.

[lxxxi]Jaime Torres Torres. **Salvemos a Borinquen.** (2006, 23 de abril). Guaynabo, Puerto Rico. *El Nuevo Día.* Recuperado el 23 de abril de 2006, de http://www.endi.com/.

[lxxxii]Fernández, J. (2005, 15 de septiembre). **Problemas sociales acarrean cada vez más drogadicción y alcoholismo.** Guaynabo, Puerto Rico.: *Primera Hora.* Recuperado el 15 de septiembre de 2005, de http://www.primerahora.com/.

[lxxxiii]Carmen Millán Pabón. **Lista negra para los que reclaman.** (2006, 30 de octubre). Guaynabo, Puerto Rico.: *El Nuevo Día.* Recuperado el 31 de octubre de 2006, de http://www.adendi.com/.

[lxxxiv]**Puerto Rico está en franca decadencia.** (2011). Guaynabo, Puerto Rico.: *El Nuevo Día.* Recuperado el 30 de diciembre de 2011, de http://www.elnuevodia.com/.

[lxxxv]Fernández, I. (2004, 19 de julio). **Alto al crimen, a como dé lugar.** Guaynabo, Puerto Rico.: *El Nuevo Día.* Recuperado el 19 de julio de 2004, de http://www.endi.com/.

[lxxxvi]**Tiroteo frente al Tribunal Superior en Hato Rey.** (2012). Guaynabo, Puerto Rico.: *El Nuevo Día.* Recuperado el 30 de enero de 2012, de http://www.elnuevodia.com/.

[lxxxvii]Javier Colón Dávila. **2009: tercer año de más sangre en la historia.** (2009, diciembre). Guaynabo, Puerto Rico.: *El Nuevo Día.* Recuperado el 30 de diciembre de 2009, de http://www.elnuevodia.com/.

[lxxxviii]Ana Teresa Toro. **Impregnada la violencia en el diario vivir.** (2011). Guaynabo, Puerto Rico.: *El Nuevo Día.* [Versión electrónica].

[lxxxix]Montero, M. (2011). **Luz.** Guaynabo, Puerto Rico.: *El Nuevo Día.* [Versión electrónica].

[xc]José A. Sánchez Fournier. **Donde la droga es ley.** (2008, 25 de mayo). *El Nuevo Día.* Guaynabo, Puerto Rico. [Versión electrónica].

[xci]**Más de 300 canchas son puntos de droga.** (2006, 23 de enero). Guaynabo, Puerto Rico.: *Primera Hora.* Recuperado el 23 de enero de 2006, de http://www.primerahora.com/.

[xcii]Arys L. Rodríguez Andino. **Como en una guerra civil la cifra de asesinatos.** (2011). Guaynabo, Puerto Rico.: *Primera Hora.* [Versión electrónica].

[xciii]Luis Dávila Colón. **Así es que no funciona.** (2006,19 de abril). San Juan, Puerto Rico.: *El Vocero de Puerto Rico.* Recuperado el 19 de abril de 2006, de http://www.vocero.com/.

[xciv]Montero, M. (2011). **Luz.** Guaynabo, Puerto Rico.: *El Nuevo Día.* [Versión electrónica]. Léase, además: Ernesto Vázquez Quintana. (2006,18 de agosto). **La narco-colonia.**

Guaynabo, Puerto Rico.: *El Nuevo Día*. Recuperado el 18 de agosto de 2006, de http://www.endi.com/.

[xcv]Montero, M. (2011). **Luz**. Guaynabo, Puerto Rico.: *El Nuevo Día*. [Versión electrónica].

[xcvi]Luis Dávila Colón. **Así es que no funciona**. (2006,19 de abril). San Juan, Puerto Rico.: *El Vocero de Puerto Rico*. Recuperado el 19 de abril de 2006, de http://www.vocero.com/.

[xcvii]Montero, M. (2011). **Luz**. Guaynabo, Puerto Rico.: *El Nuevo Día*. [Versión electrónica]. Léase, además: Ernesto Vázquez Quintana. (2006,18 de agosto). **La narco-colonia**. Guaynabo, Puerto Rico.: *El Nuevo Día*. Recuperado el 18 de agosto de 2006, de http://www.endi.com/.

[xcviii]Limarys Suárez Torres. **La corrupción en la Policía es sistemática según Fraticelli**. (2010, octubre). Guaynabo, Puerto Rico.: *El Nuevo Día*. [Versión electrónica]. Léase, además: Melissa Correa Velázquez. **Operativo federal contra policías corruptos**. (2010, octubre). San Juan, Puerto Rico.: *El Vocero de Puerto Rico*. [Versión electrónica].

[xcix]Francisco Rodríguez-Burns. **Desarticulan organización criminal de Tutin Magnum en Corozal**. (2011). Guaynabo, Puerto Rico.: *Primera Hora*. [Versión electrónica].

[c]Limarys Suárez Torres. **'Los corruptos son peores que los narcos'**. (2009, noviembre). Guaynabo, Puerto Rico.: *El Nuevo Día*. [Versión electrónica].

[ci]**'Piculín' se declara culpable de poseer un cultivo de marihuana**. (2011). Madrid, España.: *Marca*. [Versión electrónica].

[cii]Ricardo Cortés Chico. **Marihuana a granel**. (2010, febrero). Guaynabo, Puerto Rico.: *El Nuevo Día*. [Versión electrónica]. Léase, además: José A. Sánchez Fournier. **Marihuana 'medicinal'**. (2009, octubre). Guaynabo, Puerto Rico.: *El Nuevo Día*. [Versión electrónica]; **Incautan laboratorio de marihuana en Carolina**. (2011). Guaynabo, Puerto Rico.: *El Nuevo Día*. [Versión electrónica]; **Encuentran laboratorio de marihuana en Toa Alta**. (2011). Guaynabo, Puerto Rico.: *El Nuevo Día*. [Versión electrónica].

[ciii]Ernesto Vázquez Quintana. (2006,18 de agosto). **La narco-colonia**. Guaynabo, Puerto Rico.: *El Nuevo Día*. Recuperado el 18 de agosto de 2006, de http://www.endi.com/. Léase, además: Ricardo Cortés Chico. **Laberinto de terror**. (2009). Guaynabo, Puerto Rico.: *El Nuevo Día*. Recuperado el 30 de diciembre de 2009, de http://www.elnuevodia.com/.

[civ]Limarys Suárez Torres. **'Los corruptos son peores que los narcos'**. (2009, noviembre). Guaynabo, Puerto Rico.: *El Nuevo Día*. [Versión electrónica].

[cv]Sandra Morales Blanes. **Surge frente antiadicción**. (2007,17 de octubre). Guaynabo, Puerto Rico.: *El Nuevo Día*. [Versión electrónica].

[cvi]Marga Parés Arroyo. **Alternativa rechazada**. (2008, 10 de julio). *El Nuevo Día*. Guaynabo, Puerto Rico. [Versión electrónica]; Daniel Rivera Vargas. **A trazar plan a corto plazo contra la adicción a drogas**. (2008, 2 de julio). *El Nuevo Día*. Guaynabo, Puerto Rico. Recuperado el 31 de diciembre de 2008, de http://www.elnuevodia.com/; Fernández, J. (2005, 15 de septiembre). **Problemas sociales acarrean cada vez más drogadicción y alcoholismo**. Guaynabo, Puerto Rico.: *Primera Hora*. Recuperado el 15 de septiembre de 2005, de http://www.primerahora.com/; **Aplasta el vicio la voluntad de los adictos**. (2006, 1 de febrero). Guaynabo, Puerto Rico.: *El Nuevo Día*. Recuperado el 1 de febrero de 2006, de http://www.endi.com/; Caquías, S. (2005,19 de octubre). **Aceptan tratamiento 142 drogadictos**. Guaynabo, Puerto Rico.: *El Nuevo Día*. Recuperado el 19 de octubre de 2005, de http://www.endi.com/.

[cvii]**Sesenta mil adictos a drogas.** (2010, agosto). Guaynabo, Puerto Rico.: *El Nuevo Día*. [Versión electrónica].

[cviii]Exposición de Motivos del **Proyecto de la Cámara de Representantes del Estado Libre Asociado de Puerto Rico Número 1295**, de 26 de febrero de 2009.

[cix]Padilla, H. (2011). **Descomposición social**. Guaynabo, Puerto Rico.: *El Nuevo Día*. [Versión electrónica]. Léase, además: Bárbara J. Figueroa Rosa. **Peligroso mezclar las pastillas con el alcohol**. (2010). Guaynabo, Puerto Rico.: *Primera Hora*. [Versión electrónica].

[cx]Jessica Pérez Cámara. (2010). **Pensaba que iba a morir así.** Guaynabo, Puerto Rico.: Primera Hora. [Versión electrónica]; Padilla, H. (2011). **Descomposición social.** Guaynabo, Puerto Rico.: *El Nuevo Día*. [Versión electrónica]; **Medida ante el uso de Xilaxina.**(2006, 5 de febrero). Guaynabo, Puerto Rico.: *El Nuevo Día*. Recuperado el 5 de febrero de 2006, de http://www.endi.com/; Bárbara J. Figueroa Rosa. **Peligroso mezclar las pastillas con el alcohol.** (2010). Guaynabo, Puerto Rico.: *Primera Hora*. [Versión electrónica].

[cxi]Bárbara J. Figueroa Rosa. **Peligroso mezclar las pastillas con el alcohol.** (2010). Guaynabo, Puerto Rico.: *Primera Hora*. [Versión electrónica].

[cxii]**Confucio.** (2011). Valencia, España.: *Proverbia*. Recuperado el 31 de octubre de 2011, de http://www.proverbia.net/.

[cxiii]Melissa Solórzano García. **Esfuerzo contra uso de drogas en estudiantes.** (2007, 18 de octubre). Guaynabo, Puerto Rico.: *El Nuevo Día*. [Versión electrónica]. Léase, además: **Adictos a sustancias en Peñuelas entre los 9 y 13 años.** (2005). Guaynabo, Puerto Rico.: *Primera Hora*. Recuperado el 19 de octubre de 2005, de http://www.primerahora.com/.

[cxiv]Hernán Padilla. (2008). **La justicia penal clama por un cambio.** *El Nuevo Día*. Guaynabo, Puerto Rico. [Versión electrónica].

[cxv]Exposición de Motivos del **Proyecto de la Cámara de Representantes del Estado Libre Asociado de Puerto Rico Número 1570**, de 4 de mayo de 2009. Léase, además: Fernández, J. (2005, 15 de septiembre). **Problemas sociales acarrean cada vez más drogadicción y alcoholismo.** Guaynabo, Puerto Rico.: *Primera Hora*. Recuperado el 15 de septiembre de 2005, de http://www.primerahora.com/; Sandra Caquías Cruz. **Amenaza con suicidarse una adicta en Ponce.** (2006, 9 de septiembre). Guaynabo, Puerto Rico.: *El Nuevo Día*. Recuperado el 9 de septiembre de 2006, de http://www.endi.com/; María de Lourdes Guzmán. **¿País de ley y orden?** (2007,14 de abril). Guaynabo, Puerto Rico.: *El Nuevo Día*. Recuperado el 30 de abril de 2007, de http://www.adendi.com/.

[cxvi]Editorial de El Nuevo Día. **Apuesta por la salud mental.** (2008, 4 de febrero). *El Nuevo Día*. Guaynabo, Puerto Rico. [Versión electrónica].

[cxvii]Editorial de El Nuevo Día. **Apuesta por la salud mental.** (2008, 4 de febrero). *El Nuevo Día*. Guaynabo, Puerto Rico. [Versión electrónica].

[cxviii]**Psiquiatras reaccionan ante crisis de salud mental en Puerto Rico.** (2011). Guaynabo, Puerto Rico.: *El Nuevo Día*. [Versión electrónica].

[cxix]**Psiquiatras reaccionan ante crisis de salud mental en Puerto Rico.** (2011). Guaynabo, Puerto Rico.: *El Nuevo Día*. [Versión electrónica].

[cxx]**La OMS propone medidas para evitar la exclusión de los enfermos mentales.** (2001). *Canal Solidario*. Madrid, España. Información consultada el 27 de septiembre de 2008, de http://www.canalsolidario.org/.

[cxxi]**Expertos en salud mental se preguntan: ¿alguien será normal? ¿Tendrá esto respuesta?**. (2011). Homestead, FL.: *Informe21*. Información consultada el 31 de diciembre de 2011, http://informe21.com/.

[cxxii]Alfonso Martínez Taboas. **Salud mental y servicios efectivos**. (2007, 11 de enero). *El Nuevo Día*. Guaynabo, Puerto Rico. Recuperado el 31 de enero de 2007, de http://www.adendi.com/.

[cxxiii]**¿Qué es una Pseudociencia?** (2009). *Pseudociencia*. Información consultada el 14 de febrero de 2011, de http://www.pseudociencias.com/.

[cxxiv]Luis Dávila Colón. **Así es que no funciona**. (2006, 19 de abril). San Juan, Puerto Rico.: *El Vocero de Puerto Rico*. Recuperado el 19 de abril de 2006, de http://www.vocero.com/. Léase, además: Eugenio Hopgood Dávila. **Detenido 'a tiempo' un desastre en La Plata**. (2007, 16 de enero). *El Nuevo Día*. Guaynabo, Puerto Rico. Recuperado el 31 de enero de 2007, de http://www.adendi.com/; Francisco Rodríguez-Burns. **EPA alerta sobre falta de equipo avanzado para purificar**. (2006, 5 de junio). *Primera Hora*. Guaynabo, Puerto Rico. Recuperado el 5 de junio de 2006, de http://www.primerahora.com/; Cortés-Chico, R. (2006, 20 de abril). **Enfermas las corrientes de ríos y lagos**. *El Nuevo Día*. Guaynabo, Puerto Rico. Recuperado el 20 de abril de 2006, de http://www.endi.com/.

[cxxv]Amárilis Pagán. (2006). **Un modelo universal**. Guaynabo, Puerto Rico.: *El Nuevo Día*. [Versión electrónica].

[cxxvi]Carmen Dolores Hernández. **Recetas para una mejor sociedad**. (2010, junio). Guaynabo, Puerto Rico.: *El Nuevo Día*. [Versión electrónica].

[cxxvii]Juan José Sánchez Ortiz. (2012). **Contaminación del aire, cómo paliarla**. España, Unión Europea.: *En Buenas Manos*. Información consultada el 23 de febrero de 2012, de http://www.enbuenasmanos.com/. Léase, además: Cromie, W.J. (1999). **Scientists Challenge New Disclosure Law**. *Harvard University Gazette*.: Cambridge, MA. Información consultada el 28 de diciembre de 2001, de http://www.hno.harvard.edu/gazette/; Ley de Puerto Rico Núm. 137 del año 2007. (Ley para establecer el Protocolo de Acceso a la Información y Educación sobre Enfermedades Epidémicas y Accidentes Ambientales).

[cxxviii]Juan Rosario. (2011). **Gasoducto, Sostenibilidad y el Futuro de Puerto Rico**. Luquillo, Puerto Rico.: *Corriente Verde*. Información consultada el 14 de febrero de 2012, de http://www.corrienteverde.com/.

[cxxix]Carl A. Soderberg. **Alto el nivel de contaminación en Puerto Rico**. (2007, 24 de mayo). Guaynabo, Puerto Rico.: *El Nuevo Día*. Recuperado el 30 de mayo de 2007, de http://www.adendi.com/.

[cxxx,cxxxi]Editorial de El Nuevo Día. **Menos luz para ver mejor**. (2007, 22 de diciembre). Guaynabo, Puerto Rico.: *El Nuevo Día*. [Versión electrónica]. Léase, además: Miguel Díaz Román. **Derrochadores de energía**. (2007, 21 de diciembre). Guaynabo, Puerto Rico.: *El Nuevo Día*. [Versión electrónica].

[cxxxi,cxxxi]Editorial de El Nuevo Día. **Menos luz para ver mejor**. (2007, 22 de diciembre). Guaynabo, Puerto Rico.: *El Nuevo Día*. [Versión electrónica].

[cxxxii]**La electricidad de la Isla es la segunda más cara en Estados Unidos**. (2011). Guaynabo, Puerto Rico.: *El Nuevo Día*. [Versión electrónica].

[cxxxiii,cxxxiii]Editorial de El Nuevo Día. **Menos luz para ver mejor**. (2007, 22 de diciembre). Guaynabo, Puerto Rico.: *El Nuevo Día*. [Versión electrónica].

[cxxxiv] Juan M. García Passalacqua. **Los $1,495,000,000 anuales para 1,054,872 dependientes colonizados.**(2006, 22 de septiembre). San Juan, Puerto Rico.: *El Vocero de Puerto Rico*. Recuperado el 21 de septiembre de 2006, de http://www.vocero.com/. Léase, además: Aníbal Rodríguez Vera. **Paraíso del mantengo**. (2006,10 de junio). Guaynabo, Puerto Rico.: *El Nuevo Día*. Recuperado el 10 de junio de 2006, de http://www.endi.com/.

[cxxxv] Yanira Hernández Cabiya. (2006). **Choca con el New York Times Acevedo Vilá**. Guaynabo, Puerto Rico.: *El Nuevo Día*. [Versión electrónica].

[cxxxvi] Delgado, J. A. (2005, 1 de marzo). **Incentivo para evitar las deserciones**. Guaynabo, Puerto Rico.: *El Nuevo Día*. Recuperado el 13 de marzo de 2005, de http://www.endi.com/.

[cxxxvii] Sobre el particular, vean los resultados de un análisis realizado por el Consejo de Educación Superior de Puerto Rico, según se citan en: Keila López Alicea. **Tropiezos para lograr un bachillerato**. (2009, diciembre). Guaynabo, Puerto Rico.: *El Nuevo Día*. [Versión electrónica].

[cxxxviii] Miguel A. Maza. **La última la paga el diablo**. (2011). Guaynabo, Puerto Rico.: *El Nuevo Día*. [Versión electrónica].

[cxxxix] **Arrestos y gas pimienta en la Venta del Madrugador**. (2011). Guaynabo, Puerto Rico.: *Primera Hora*. [Versión electrónica].

[cxl] Maribel Hernández Pérez. **Crimen en Plaza por un parking**. (2008, diciembre). *Primera Hora*. Guaynabo, Puerto Rico. [Versión electrónica]. Léase, además: **Le cae a batazos por un parking**.(2007, 29 de enero). Guaynabo, Puerto Rico.: *El Nuevo Día*. Recuperado el 31 de enero de 2007, de http://www.adendi.com/.

[cxli] Jaime Torres Torres. **Salvemos a Borinquen**. (2006, 23 de abril). Guaynabo, Puerto Rico. *El Nuevo Día*. Recuperado el 23 de abril de 2006, de http://www.endi.com/.

[cxlii] **Marco Tulio Cicerón**. (2012). España, Unión Europea.: *Sabidurías*. Información consultada el 14 de febrero de 2012, de http://www.sabidurias.com/.

[cxliii] Luis Cruz. **El silencio cómplice**. (2010, marzo). Guaynabo, Puerto Rico.: *El Nuevo Día*. Recuperado el 30 de diciembre de 2010, de http://www.elnuevodia.com/. Léase, además: **No esperen a Díaz Olivo en el recibimiento de Barea y sí a Pabón Roca**. (2011). Guaynabo, Puerto Rico.: *El Nuevo Día*. Recuperado el 28 de febrero de 2012, de http://www.adendi.com/.

[cxliv] Rodríguez, W. (2011). **Vázquez vs. Fonseca**. Guaynabo, Puerto Rico.: *El Nuevo Día*. [Versión electrónica].

[cxlv] Luis Cruz. **El silencio cómplice**. (2010, marzo). Guaynabo, Puerto Rico.: *El Nuevo Día*. Recuperado el 30 de diciembre de 2010, de http://www.elnuevodia.com/. Léase, además: Eudaldo Báez Galib. **Indigestión en los Medios: el embusterismo**. (2008, 4 de agosto). *El Vocero de Puerto Rico*. San Juan, Puerto Rico. [Versión electrónica].

[cxlvi] Eudaldo Báez Galib. **Esto se pone muy feo**. (2008, 11 de febrero). *El Vocero de Puerto Rico*. San Juan, Puerto Rico. [Versión electrónica].

[cxlvii] Luís Dávila Colón. (2006, 11 de marzo). **Escuela de burritos**. San Juan.: *El Vocero de Puerto Rico*. Recuperado el de marzo de 2006, de http://www.vocero.com/.

[cxlviii] González Torres, D. (2006, 23 de enero). **Cada vez sabemos menos**. Guaynabo, Puerto Rico.: *El Nuevo Día*. Recuperado el 23 de enero de 2006, de http://www.endi.com/.

[cxlix] González Torres, D. (2006, 23 de enero). **Cada vez sabemos menos**. Guaynabo, Puerto Rico.: *El Nuevo Día*. Recuperado el 23 de enero de 2006, de http://www.endi.com/.

[cl] Rodríguez, W. (2011). **Vázquez vs. Fonseca**. Guaynabo, Puerto Rico.: *El Nuevo Día*. [Versión electrónica].

[cli] Elliot Luciano. **Diálogo por la paz: clave para mejorar la sociedad**. (2007, 30 de mayo). San Juan, Puerto Rico.: *Universia Puerto Rico*. Recuperado el 22 de septiembre de 2007, de http://www.universia.pr/.

[clii] Eudaldo Báez Galib. **Indigestión en los Medios: el embusterismo**. (2008, 4 de agosto). *El Vocero de Puerto Rico*. San Juan, Puerto Rico. [Versión electrónica].

[cliii] Mayra Montero. (2011). **Francheska**. Guaynabo, Puerto Rico.: *El Nuevo Día*. Recuperado el 30 de diciembre de 2011, de http://www.elnuevodia.com/.

[cliv] Mayra Montero. (2011). **Francheska**. Guaynabo, Puerto Rico.: *El Nuevo Día*. Recuperado el 30 de diciembre de 2011, de http://www.elnuevodia.com/.

[clv] Alain de Botton. (2011). **El matrimonio: un invento burgués**. Londres, Reino Unido.: *British Broadcasting Corporation (BBC)*. Recuperado el 30 de diciembre de 2012, de http://news.bbc.co.uk/hi/spanish/news/.

[clvi] Jackeline Del Toro Cordero. **Devastador el reflejo de la Isla en el censo de la pasada década**. (2011). San Juan, Puerto Rico.: *El Vocero de Puerto Rico*. [Versión electrónica].

[clvii] Editorial de El Nuevo Día. (2011). **Fuerte Voluntad contra el fraude**. Guaynabo, Puerto Rico.: *El Nuevo Día*. [Versión electrónica]. Léase, además: Joanisabel González. (2011). **El fraude ocupacional le cuesta $1,000 millones a las empresas en Puerto Rico**. Guaynabo, Puerto Rico.: *El Nuevo Día*. [Versión electrónica].

[clviii] Irene Garzón Fernández. **Primero el país en jugadores patológicos**. (2007, 8 de noviembre). Guaynabo, Puerto Rico.: *Primera Hora*. [Versión electrónica].

[clix] **Todo en la vida es adictivo**. (2011). Londres, Reino Unido.: *British Broadcasting Corporation (BBC)*. Recuperado el 30 de diciembre de 2011, de http://news.bbc.co.uk/hi/spanish/news/.

[clx] Irene Garzón Fernández. **Primero el país en jugadores patológicos**. (2007, 8 de noviembre). Guaynabo, Puerto Rico.: *Primera Hora*. [Versión electrónica].

[clxi] Irene Garzón Fernández. **Primero el país en jugadores patológicos**. (2007, 8 de noviembre). Guaynabo, Puerto Rico.: *Primera Hora*. [Versión electrónica].

[clxii] **Hombres son más susceptibles al alcoholismo que las mujeres**. (2010). Guatemala, Latinoamérica.: *Prensa Libre*. Información consultada el 11 de enero de 2011, de http://www.prensalibre.com/. Léase, además: Jessica Morales Segura. (2007). **Alarma por casos de niños que empiezan a beber alcohol a los 11 años de edad**. Bogotá, Colombia.: *Semana*. Información consultada el 11 de enero de 2012, de http://www.semana.com/.

[clxiii] **Hombres son más susceptibles al alcoholismo que las mujeres**. (2010). Guatemala, Latinoamérica.: *Prensa Libre*. Información consultada el 11 de enero de 2011, de http://www.prensalibre.com/.

[clxiv] Philippa Roxby. **¿Cuánto daño nos hace el alcohol?**. (2011). Londres, Reino Unido.: *British Broadcasting Corporation (BBC)*. Recuperado el 30 de diciembre de 2011, de http://news.bbc.co.uk/hi/spanish/news/.

[clxv] **El alcohol mató a Amy Winehouse.** (2011). Londres, Reino Unido.: *British Broadcasting Corporation (BBC).* Recuperado el 30 de diciembre de 2011, de http://news.bbc.co.uk/.

[clxvi] **Abuso de alcohol cobra más víctimas que el sida, dice OMS.** (2011). Bogotá, Colombia.: *Semana.* Información consultada el 11 de enero de 2012, de http://www.semana.com/.

[clxvii] Parés, M. (2005, 2 de septiembre).**Testimonio de Moneró contra la adicción.** Guaynabo, Puerto Rico.: *El Nuevo Día.* Recuperado el 2 de septiembre de 2005, de http://www.endi.com/. Léase, además: Fernández, J. (2005, 15 de septiembre). **Problemas sociales acarrean cada vez más drogadicción y alcoholismo.** Guaynabo, Puerto Rico.: *Primera Hora.* Recuperado el 15 de septiembre de 2005, de http://www.primerahora.com/.

[clxviii] **Puerto Rico lanza un plan contra el consumo excesivo de alcohol.** (2010). Miami. FL.: *Alma Magazine.* Información consultada el 11 de noviembre de 2011, de http://www.almamagazine.com/.

[clxix] Caitlin Hagan. **Los hombres muestran mayor tendencia a desarrollar alcoholismo.** (2010). México, Latinoamérica.: *CNN México.* Información consultada el 27 de diciembre de 2011, de http://mexico.cnn.com/.

[clxx] Antonio R. Gómez. **Piden más castigo.** (2007, 6 de marzo). Guaynabo, Puerto Rico.: *Primera Hora.* Recuperado el 31 de marzo de 2008, de http://archivo.primerahora.com/.

[clxxi] Antonio R. Gómez. **Piden más castigo.** (2007, 6 de marzo). Guaynabo, Puerto Rico.: *Primera Hora.* Recuperado el 31 de marzo de 2008, de http://archivo.primerahora.com/.

[clxxii] Rivera, A. (2005, 12 de noviembre). **Lo primordial es dar el ejemplo.** Guaynabo, Puerto Rico.: *El Nuevo Día.* Recuperado el 12 de noviembre de 2005, de http://www.endi.com/.

[clxxiii] Rivera, A. (2005, 12 de noviembre). **Lo primordial es dar el ejemplo.** Guaynabo, Puerto Rico.: *El Nuevo Día.* Recuperado el 12 de noviembre de 2005, de http://www.endi.com/. Léase, además: **Nuevas campañas antidrogas.** (2006, 12 de abril). Guaynabo, Puerto Rico.: *Primera Hora.* Recuperado el 12 de abril de 2006, de http://www.primerahora.com/; Mariana Cobián. **Alcohol, su consumo inicia en el seno hogareño.** (2008, 29 de agosto). Guaynabo, Puerto Rico. *Primera Hora.* Guaynabo, Puerto Rico. [Versión electrónica].

[clxxiv] Miguel Díaz Román. **Descontrolados por el alcohol.** (2009, septiembre). Guaynabo, Puerto Rico.: *El Nuevo Día.* [Versión electrónica].

[clxxv] **Nuevas campañas antidrogas.** (2006, 12 de abril). Guaynabo, Puerto Rico.: *Primera Hora.* Recuperado el 12 de abril de 2006, de http://www.primerahora.com/; Philippa Roxby. **¿Cuánto daño nos hace el alcohol?** (2011). Londres, Reino Unido.: *British Broadcasting Corporation (BBC).* Recuperado el 30 de diciembre de 2011, de http://news.bbc.co.uk/hi/spanish/news/; **Alcohol, el más nocivo.** (2010). Bogotá, Colombia.: *Semana.* Información consultada el 11 de enero de 2012, de http://www.semana.com/; Butler, K. (2007). **El alcohol daña el cerebro adolescente.** Madrid, España.: *El País.* Consultado el 30 de diciembre de 2011, de http://www.elpais.com/.

[clxxvi] **Peor que las drogas ilegales, el alcohol.** (2006, 15 de julio). Guaynabo, Puerto Rico.: *El Nuevo Día.* Recuperado el 15 de julio de 2006, de http://www.endi.com/.

[clxxvii] Maritere Bellas. (2000). **Padres son ejemplo para los hijos.** Managua, Nicaragua.: *El Nuevo Diario.* [Versión electrónica].

clxxviiiCaitlin Hagan. **Los hombres muestran mayor tendencia a desarrollar alcoholismo.** (2010). México, Latinoamérica.: *CNN México.* Información consultada el 27 de diciembre de 2011, de http://mexico.cnn.com/.

clxxixMariana Cobián. **Alcohol, su consumo inicia en el seno hogareño.** (2008, 29 de agosto). Guaynabo, Puerto Rico. *Primera Hora.* Guaynabo, Puerto Rico. [Versión electrónica]; Miguel Díaz Román. **Descontrolados por el alcohol.** (2009, septiembre). Guaynabo, Puerto Rico.: *El Nuevo Día.* [Versión electrónica].

clxxxMiguel Díaz Román. **Descontrolados por el alcohol.** (2009, septiembre). Guaynabo, Puerto Rico.: *El Nuevo Día.* [Versión electrónica].

clxxxi**Indigna la escasez de estadísticas.** (2006, 7 de marzo). Guaynabo, Puerto Rico.: *El Nuevo Día.* Recuperado el 7 de marzo de 2006, de http://www.endi.com/.

clxxxii**Urge cortar brecha entre delito y pena.** (2006, 8 de marzo). Guaynabo, Puerto Rico.: *El Nuevo Día.* Recuperado el 8 de marzo de 2006, de http://www.endi.com/.

clxxxiiiEditorial de El Nuevo Día. (2007).**Alcohol y tragedias en las carreteras.** Guaynabo, Puerto Rico.: *El Nuevo Día.* Recuperado el 31 de diciembre de 2007, de http://www.elnuevodia.com/.

clxxxivAntonio R. Gómez. (2007). **Cada vez más conductores ebrios.** Guaynabo, Puerto Rico.: *Primera Hora.* [Versión electrónica].

clxxxvKeila López Alicea. **Chocante cifra: 21,000 arrestos por ebriedad.** (2007, 27 de diciembre). Guaynabo, Puerto Rico.: *El Nuevo Día.* Recuperado el 31 de diciembre de 2007, de http://www.elnuevodia.com/.

clxxxviRivera, A. (2005, 12 de noviembre). **Lo primordial es dar el ejemplo.** Guaynabo, Puerto Rico.: *El Nuevo Día.* Recuperado el 12 de noviembre de 2005, de http://www.endi.com/.

clxxxviiMarian Díaz. **Más de 100 productos nuevos en la canasta.** (2007, 25 de agosto). Guaynabo, Puerto Rico.: *El Nuevo Día.* Recuperado el 30 de julio de 2008, de http://www.endi.com/.

clxxxviiiSandoval, J. E. (2008). **El alcohol genera violencia.** Habana, Cuba.: *Órgano de la Central de Trabajadores de Cuba.* Información consultada el 3 de diciembre de 2009, de http://www.trabajadores.cu/.

clxxxixSandoval, J. E. (2008). **El alcohol genera violencia.** Habana, Cuba.: *Órgano de la Central de Trabajadores de Cuba.* Información consultada el 3 de diciembre de 2009, de http://www.trabajadores.cu/.

cxcMarga Parés Arroyo. **Alternativa rechazada.** (2008, 10 de julio). *El Nuevo Día.* Guaynabo, Puerto Rico. [Versión electrónica]. Léase, además: Cortés, R. (2005, 23 de noviembre). **Apoyo para vencer a la calle.** Guaynabo, Puerto Rico.: *El Nuevo Día.* Recuperado el 23 de noviembre de 2005, de http://www.endi.com/; Sosa, O. (2005, 4 de noviembre). **Sobredosis de amparo.** Guaynabo, Puerto Rico.: *El Nuevo Día.* Recuperado el 4 de noviembre de 2005, de http://www.endi.com/.

cxci**Caso omiso a las restricciones de la Ley.** (2006, 22 de enero). Guaynabo, Puerto Rico.: *El Nuevo Día.* Recuperado el 22 de enero de 2006, de http://www.endi.com/.

cxcii**Caso omiso a las restricciones de la Ley.** (2006, 22 de enero). Guaynabo, Puerto Rico.: *El Nuevo Día.* Recuperado el 22 de enero de 2006, de http://www.endi.com/.

[cxciii] **La OMS propone medidas para evitar la exclusión de los enfermos mentales.** (2001). *Canal Solidario.* Madrid, España. Información consultada el 27 de septiembre de 2008, de http://www.canalsolidario.org/.

[cxciv] Eudaldo Báez Galib. **Indigestión en los Medios: el embusterismo.** (2008, 4 de agosto). *El Vocero de Puerto Rico.* San Juan, Puerto Rico. [Versión electrónica].

[cxcv] **Sobran motivos para abandonar la escuela.** (2006, 20 de febrero). Guaynabo, Puerto Rico.: *Primera Hora.* Recuperado el 20 de febrero de 2006, de http://www.primerahora.com/.

[cxcvi] **Regresan por un diploma luego de haberse rajado.** (2006, 20 de febrero). Guaynabo, Puerto Rico.: *Primera Hora.* Recuperado el 20 de febrero de 2006, de http://www.primerahora.com/.

[cxcvii] Delgado, J. A. (2005, 1 de marzo). **Incentivo para evitar las deserciones.** Guaynabo, Puerto Rico.: *El Nuevo Día.* Recuperado el 1 de marzo de 2005, de http://www.endi.com/.

[cxcviii] González Torres, D. (2006, 23 de enero).**Cada vez sabemos menos.** Guaynabo, Puerto Rico.: *El Nuevo Día.* Recuperado el 23 de enero de 2006, de http://www.endi.com/.

[cxcix] Carlos D' Alzina Guillermety. (2007, 30 de noviembre). **Quién les ha visto y quién les ve.** Guaynabo, Puerto Rico.: *El Nuevo Día.* [Versión electrónica].

[cc] **Regresan por un diploma luego de haberse rajado.** (2006, 20 de febrero). Guaynabo, Puerto Rico.: *Primera Hora.* Recuperado el 20 de febrero de 2006, de http://www.primerahora.com/.

[cci] Vicente Yambot. **Una flor para Yesenia.** (2006, 16 de septiembre). Guaynabo, Puerto Rico.: *El Nuevo Día.* Recuperado el 19 de septiembre de 2006, de http://www.endi.com/.

[ccii] Nelson Berríos. **Hay que decirlo.** (2006, 30 de agosto). Guaynabo, Puerto Rico.: *Primera Hora.* Recuperado el 30 de agosto de 2006, de http://www.primerahora.com/.

[cciii] **Regresan por un diploma luego de haberse rajado.** (2006, 20 de febrero). Guaynabo, Puerto Rico.: *Primera Hora.* Recuperado el 20 de febrero de 2006, de http://www.primerahora.com/.

[cciv] Luís Dávila Colón. (2006, 11 de marzo). **Escuela de burritos.** San Juan.: *El Vocero de Puerto Rico.* Recuperado el de marzo de 2006, de http://www.vocero.com/.

[ccv] Sandra Morales Blanes, **Excelentes sólo 1% de 1,464 escuelas públicas.** (2006, 13 de julio). Guaynabo, Puerto Rico.: *El Nuevo Día.* Recuperado el 13 de julio de 2006, de http://www.endi.com/.

[ccvi] Sandra Morales Blanes, **Líderes condenan resultados de pruebas estandarizadas.** (2006,14 de julio). Guaynabo, Puerto Rico.: *El Nuevo Día.* Recuperado el 14 de julio de 2006, de http://www.endi.com/.

[ccvii] Luís Dávila Colón. **El caníbal viste de Brioni.** (2006, 2 de agosto). San Juan, Puerto Rico.: *El Vocero de Puerto Rico.* Recuperado el 2 de agosto de 2006, de http://www.vocero.com/.

[ccviii] Luís Dávila Colón. (2006, 11 de marzo). **Escuela de burritos.** San Juan.: *El Vocero de Puerto Rico.* Recuperado el de marzo de 2006, de http://www.vocero.com/.

[ccix] Ruiz, G. (2005, 18 de enero). **Detonantes del vicio en jóvenes.** Guaynabo, Puerto Rico.: *El Nuevo Día.* Recuperado el 18 de enero de 2005, de http://www.endi.com/.

ccxMildred Rivera Marrero. **Apuntan al 2011 como un año de horror**. (2011). Guaynabo, Puerto Rico.: *El Nuevo Día*. [Versión electrónica].

ccxiLuís Dávila Colón. (2006, 11 de marzo). **Escuela de burritos**. San Juan.: *El Vocero de Puerto Rico*. Recuperado el de marzo de 2006, de http://www.vocero.com/.

ccxiiLuís Dávila Colón. (2006, 11 de marzo). **Escuela de burritos**. San Juan.: *El Vocero de Puerto Rico*. Recuperado el de marzo de 2006, de http://www.vocero.com/.

ccxiiiLuís Dávila Colón. (2006, 11 de marzo). **Escuela de burritos**. San Juan.: *El Vocero de Puerto Rico*. Recuperado el de marzo de 2006, de http://www.vocero.com/.

ccxivNicolás Muñoz. **La educación abandonada**. (2008, 28 de octubre). *El Nuevo Día*. Guaynabo, Puerto Rico. Recuperado el 31 de diciembre de 2008, de http://www.elnuevodia.com/.

ccxvNicolás Muñoz. **La educación abandonada**. (2008, 28 de octubre). *El Nuevo Día*. Guaynabo, Puerto Rico. Recuperado el 31 de diciembre de 2008, de http://www.elnuevodia.com/.

ccxvi**Infectan las drogas a la niñez**. (2006, 4 de febrero). Guaynabo, Puerto Rico.: *El Nuevo Día*. Recuperado el 4 de febrero de 2006, de http://www.endi.com/.

ccxvii**Inauguran centro educativo para ayudar a desertores escolares**. (2005,27 de octubre). Guaynabo, Puerto Rico.: *El Nuevo Día*. Recuperado el 27 de octubre de 2005, de http://www.endi.com/.

ccxviiiCamile Roldán Soto. **Apuesta Educación a la integración de los padres**. (2007, 15 de diciembre). Guaynabo, Puerto Rico.: *El Nuevo Día*. [Versión electrónica].

ccxixAdelaida Colón Olivencia. **Urge integración de padres en la escuela**. (2007, 2 de diciembre). Guaynabo, Puerto Rico.: *El Nuevo Día*. [Versión electrónica]; Camile Roldán Soto. **Apuesta Educación a la integración de los padres**. (2007, 15 de diciembre). Guaynabo, Puerto Rico.: *El Nuevo Día*. [Versión electrónica]; Editorial de El Nuevo Día. **Todos nuestros jóvenes son imprescindibles**. (2006, 3 de diciembre). Guaynabo, Puerto Rico.: *El Nuevo Día*. Recuperado el 31 de diciembre de 2006, de http://www.adendi.com/.

ccxxRicardo Cortés Chico. **"No tuve a nadie que me guiara"**. (2009, noviembre). Guaynabo, Puerto Rico.: *El Nuevo Día*. Recuperado el 30 de diciembre de 2009, de http://www.elnuevodia.com/.

ccxxiMayra Montero. (2011). **Francheska**. Guaynabo, Puerto Rico.: *El Nuevo Día*. Recuperado el 30 de diciembre de 2011, de http://www.elnuevodia.com/; Janet González Bolívar. (2011). **El dilema de la convivencia en las adolescentes embarazadas**. Guaynabo, Puerto Rico.: *Primera Hora*. [Versión electrónica].

ccxxiiLuís Dávila Colón. (2006, 11 de marzo). **Escuela de burritos**. San Juan.: *El Vocero de Puerto Rico*. Recuperado el de marzo de 2006, de http://www.vocero.com/.

ccxxiii**Por amor al señor dinero**. (2007, 24 de mayo). Guaynabo, Puerto Rico.: *El Nuevo Día*. Recuperado el 30 de mayo de 2007, de http://www.adendi.com/.

ccxxiv**Madres solteras desafían estereotipos**. (2006). México City, México.: *El Universal*. Recuperado el 20 de diciembre de 2010, de http://www.eluniversal.com.mx/noticias.html.

ccxxvLimarys Suárez. **Radican cargos contra mujer que golpeó a maestra**. (2010, abril). Guaynabo, Puerto Rico.: *El Nuevo Día*. Recuperado el 30 de diciembre de 2010, de http://www.elnuevodia.com/.

[ccxxvi] Camile Roldán. **Reclamo de una maestra agredida por una madre.** (2006, 1 de abril). Guaynabo, Puerto Rico.: *El Nuevo Día.* Recuperado el 1 de abril de 2006, de http://www.endi.com/.

[ccxxvii] Eudaldo Báez Galib **¿Hay gente pensando?** (2008, 30 de junio). *El Vocero de Puerto Rico.* San Juan, Puerto Rico. [Versión electrónica].

[ccxxviii] González Torres, D. (2006, 23 de enero).**Cada vez sabemos menos.** Guaynabo, Puerto Rico.: *El Nuevo Día.* Recuperado el 23 de enero de 2006, de http://www.endi.com/.

[ccxxix] Elliot Luciano. **Diálogo por la paz: clave para mejorar la sociedad.** (2007, 30 de mayo). San Juan, Puerto Rico.: *Universia Puerto Rico.* Recuperado el 22 de septiembre de 2007, de http://www.universia.pr/.

[ccxxx] Celina Romany. (2007, 8 de diciembre) **¿Feliz Año Nuevo?** Guaynabo, Puerto Rico.: *El Nuevo Día.* Recuperado el 31 de diciembre de 2007, de http://www.elnuevodia.com/.

[ccxxxi] González Torres, D. (2006, 23 de enero). **Cada vez sabemos menos.** Guaynabo, Puerto Rico.: *El Nuevo Día.* Recuperado el 23 de enero de 2006, de http://www.endi.com/.

[ccxxxii] González Torres, D. (2006, 23 de enero). **Cada vez sabemos menos.** Guaynabo, Puerto Rico.: *El Nuevo Día.* Recuperado el 23 de enero de 2006, de http://www.endi.com/.

[ccxxxiii] González-Torres, D. (2006, 23 de enero). **Cada vez sabemos menos.** Guaynabo, Puerto Rico.: *El Nuevo Día.* Recuperado el 23 de enero de 2006, de http://www.endi.com/.

[ccxxxiv] Luís Dávila Colón. **Lo que nos chupó la bruja.** (2007, 2 de junio). *El Vocero de Puerto Rico.* San Juan, Puerto Rico. Recuperado el de junio de 2007, de http://www.vocero.com/.

[ccxxxv] Carlos D' Alzina Guillermety. (2007, 30 de noviembre). **Quién les ha visto y quién les ve.** Guaynabo, Puerto Rico.: *El Nuevo Día.* [Versión electrónica].

[ccxxxvi] Samuel González. **La intolerancia.** (2008, 25 de julio). *El Nuevo Día.* Guaynabo, Puerto Rico. Recuperado el 31 de diciembre de 2008, de http://www.elnuevodia.com/.

[ccxxxvii] Editorial de El Nuevo Día. (2011). **Sin tregua la corrupción.** Guaynabo, Puerto Rico.: *El Nuevo Día.* Recuperado el 30 de diciembre de 2011, de http://www.elnuevodia.com/. Léase, además: Daniel Rivera Vargas. **El juez Barbadoro muestra piedad.** (2009, mayo). *El Nuevo Día.* Guaynabo, Puerto Rico. Recuperado el 30 de diciembre de 2009, de http://www.elnuevodia.com/.

[ccxxxviii] Oscar J. Serrano. (2006). **La Isla entre los más corruptos.** Guaynabo, Puerto Rico.: *Primera Hora.* Recuperado el 31 de diciembre de 2006, de http://archivo.primerahora.com/.

[ccxxxix] **Fraticelli: Puerto Rico líder de corrupción pública en Estados Unidos.** (2011). Guaynabo, Puerto Rico.: *Primera Hora.* [Versión electrónica].

[ccxl] José A. Delgado. **Fuera la ACT de lista de alto riesgo.** (2008, 13 de mayo). *El Nuevo Día.* Guaynabo, Puerto Rico. [Versión electrónica].

[ccxli] José A. Delgado. **Fuera la ACT de lista de alto riesgo.** (2008, 13 de mayo). *El Nuevo Día.* Guaynabo, Puerto Rico. [Versión electrónica].

[ccxlii] Cynthia López Cabán. **Federales le cobran a Educación $19 millones.** (2008, 16 de febrero). Guaynabo, Puerto Rico.: *El Nuevo Día.* [Versión electrónica].

[ccxliii]Editorial de El Nuevo Día. (2011). **Sin tregua la corrupción**. Guaynabo, Puerto Rico.: *El Nuevo Día*. Recuperado el 30 de diciembre de 2011, de http://www.elnuevodia.com/.

[ccxliv]Hernán Padilla. **Cleptocracia, gobierno de ladrones**. (2008, 1 de septiembre). *El Nuevo Día*. Guaynabo, Puerto Rico. [Versión electrónica].

[ccxlv]Hernán Padilla. **Cleptocracia, gobierno de ladrones**. (2008, 1 de septiembre). *El Nuevo Día*. Guaynabo, Puerto Rico. [Versión electrónica].

[ccxlvi]Rodríguez, W. (2011). **Vázquez vs. Fonseca**. Guaynabo, Puerto Rico.: *El Nuevo Día*. [Versión electrónica].

[ccxlvii]Vicente Yambot. **Una flor para Yesenia**. (2006, 16 de septiembre). Guaynabo, Puerto Rico.: *El Nuevo Día*. Recuperado el 19 de septiembre de 2006, de http://www.endi.com/.

[ccxlviii]Eudaldo Báez Galib **¿Hay gente pensando?** (2008, 30 de junio). *El Vocero de Puerto Rico*. San Juan, Puerto Rico. [Versión electrónica].

[ccxlix]Ricardo Rosselló **¿Puerto Rico ingobernable (I)?** (2007, 19 de octubre). *El Vocero de Puerto Rico*. San Juan, Puerto Rico. [Versión electrónica].

[ccl]Editorial de El Nuevo Día. **El fraude se paga caro**. (2009, diciembre). Guaynabo, Puerto Rico.: *El Nuevo Día*. Recuperado el 30 de diciembre de 2009, de http://www.elnuevodia.com/. Léase, además: **Culpables dos hermanos por defraudar la Ley de Quiebras**. (2012). Guaynabo, Puerto Rico.: *El Nuevo Día*. [Versión electrónica]; **FBI arrests 133 in Puerto Rico corruption probe**. (s.f.). Caracas, Venezuela.: *Latin American Herald Tribune*. Información consultada el 14 de febrero de 2012, de http://www.laht.com/article.asp?CategoryId=14092&ArticleId=370265.

[ccli]Yalixa Rivera Cruz. **Ojo al pillo con nuevo esquema de fraude**.(2007, 13 de marzo). Guaynabo, Puerto Rico.: *El Nuevo Día*. Recuperado el 30 de marzo de 2007, de http://www.endi.com/; **Juez impone $205,000 en multas por vender artículos de Britto**. (2011). Guaynabo, Puerto Rico.: *Primera Hora*. [Versión electrónica]; **A la luz un fraude con seguros de automóviles**. (2006, 16 de febrero). Guaynabo, Puerto Rico.: *El Nuevo Día*. Recuperado el 16 de febrero de 2006, de http://www.endi.com/; José A. Sánchez Fournier. **Fraude bancario de punta en blanco**. (2008, diciembre). *El Nuevo Día*. Guaynabo, Puerto Rico. Recuperado el 31 de diciembre de 2008, de http://www.elnuevodia.com/; Rafael Lama Bonilla. **Sin freno el esquema de fraude bancario**. (2006, 24 de marzo). Guaynabo, Puerto Rico.: *El Nuevo Día*. Recuperado el 24 de marzo de 2006, de http://www.endi.com/; José A. Delgado. **Los nuevos certificados de nacimiento de Puerto Rico cayeron en el fraude**. (2012). Guaynabo, Puerto Rico.: *El Nuevo Día*. [Versión electrónica]; Francés Rosario. **Puerto Rico centro de una red de tráfico de documentos**. (2012). Guaynabo, Puerto Rico.: *El Nuevo Día*. [Versión electrónica]; Correa, M. (2005, 23 de junio). **Demandan 35 por pillo de Cable TV**. San Juan, Puerto Rico.: *El Vocero de Puerto Rico*. Recuperado el 23 de junio de 2005, de http://www.vocero.com/; **Culpables dos hermanos por defraudar la Ley de Quiebras**. (2012). Guaynabo, Puerto Rico.: *El Nuevo Día*. [Versión electrónica].

[cclii]Editorial de El Nuevo Día. (2011). **Fuerte Voluntad contra el fraude**. Guaynabo, Puerto Rico.: *El Nuevo Día*. [Versión electrónica].

[ccliii]Editorial de El Nuevo Día. **Mano enérgica contra la evasión**. (2009, febrero). El Nuevo Día. Guaynabo, Puerto Rico. [Versión electrónica]; **Escondían sus millones**. (2009, abril). *El Nuevo Día*. Guaynabo, Puerto Rico. Recuperado el 31 de diciembre de 2009, de http://www.elnuevodia.com/; **Radican cargos contra comerciante por evasión contributiva**. (2006, 14 de marzo). Guaynabo, Puerto Rico.: *Primera Hora*. Recuperado el 14 de marzo de 2006, de http://www.primerahora.com/.

[ccliv]Bárbara J. Figueroa Rosa. **Verdades de la evasión contributiva**. (2006, 11 de abril). Guaynabo, Puerto Rico.: *Primera Hora*. Recuperado el 11 de abril de 2006, de http://www.primerahora.com/.

[cclv]Bárbara J. Figueroa Rosa, **Ataque frontal a los "jaiba" de la clase alta**. (2006, 11 de abril). Guaynabo, Puerto Rico.: *Primera Hora*. Recuperado el 11 de abril de 2006, de http://www.primerahora.com/.

[cclvi]**Escondían sus millones**. (2009, abril). *El Nuevo Día*. Guaynabo, Puerto Rico. Recuperado el 31 de diciembre de 2009, de http://www.elnuevodia.com/.

[cclvii]Editorial de El Nuevo Día. **Mano enérgica contra la evasión**. (2009, febrero). *El Nuevo Día*. Guaynabo, Puerto Rico. [Versión electrónica].

[cclviii]Luis Dávila Colón. **Así es que no funciona**. (2006, 19 de abril). San Juan, Puerto Rico.: *El Vocero de Puerto Rico*. Recuperado el 19 de abril de 2006, de http://www.vocero.com/.

[cclix]Montero, M. (2011). **Luz**. Guaynabo, Puerto Rico.: *El Nuevo Día*. [Versión electrónica].

[cclx]**Juez impone $205,000 en multas por vender artículos de Britto**. (2011). Guaynabo, Puerto Rico.: *Primera Hora*. [Versión electrónica].

[cclxi]**Abid Quiñones sale corriendo tras acusaciones federales**. (2011). Guaynabo, Puerto Rico.: *El Nuevo Día*. [Versión electrónica]; **533 acusados en millonario fraude a plan médico**. (2011). Guaynabo, Puerto Rico.: *El Nuevo Día*. [Versión electrónica]; **Federales dejan al municipio de Lares sin empleados**. (2011). Guaynabo, Puerto Rico.: *El Nuevo Día*. [Versión electrónica].

[cclxii]**Más común el fraude entre los jóvenes**. (2006, 21 de septiembre). Guaynabo, Puerto Rico.: *El Nuevo Día*. Recuperado el 21 de septiembre de 2006, de http://www.endi.com/.

[cclxiii]Maricelis Rivera Santos. **Preocupa al FBI manzanas podridas**. (2007, 27 de septiembre). *El Vocero de Puerto Rico*. San Juan, Puerto Rico. Recuperado el de septiembre de 2008, de http://www.vocero.com/.

[cclxiv]Eugenio Hopgood Dávila. **Voz de alarma del jefe del FBI**. (2007, 27 de septiembre). Guaynabo, Puerto Rico.: *El Nuevo Día*. Recuperado el 30 de septiembre de 2006, de http://www.adendi.com/.

[cclxv]Exposición de Motivos de la **Ley de Puerto Rico Núm. 204**, de 25 de agosto de 2000.

[cclxvi]Editorial de El Nuevo Día. (2011). **Fuerte Voluntad contra el fraude**. Guaynabo, Puerto Rico.: *El Nuevo Día*. [Versión electrónica].

[cclxvii]Efrén Rivera Ramos. **Violencia y corrupción**. (2007, 24 de septiembre). Guaynabo, Puerto Rico.: *El Nuevo Día*. Recuperado el 30 de septiembre de 2007, de http://www.adendi.com/.

[cclxviii]Elliot Luciano. **Diálogo por la paz: clave para mejorar la sociedad**. (2007, 30 de mayo). San Juan, Puerto Rico.: *Universia Puerto Rico*. Recuperado el 22 de septiembre de 2007, de http://www.universia.pr/.

[cclxix]Efrén Rivera Ramos. **Violencia y corrupción**. (2007, 24 de septiembre). Guaynabo, Puerto Rico.: *El Nuevo Día*. Recuperado el 30 de septiembre de 2006, de http://www.adendi.com/.

[cclxx]Hernán Padilla. **Nombramientos judiciales**. (2009, enero). *El Nuevo Día*. Guaynabo, Puerto Rico. [Versión electrónica].

cclxxiMildred Rivera Marrero. **Apuntan al 2011 como un año de horror**. (2011). Guaynabo, Puerto Rico.: *El Nuevo Día*. [Versión electrónica].

cclxxiiDaniel Rivera Vargas. **Se dispara el delito en el País**. (2007). Guaynabo, Puerto Rico.: *El Nuevo Día*. [Versión electrónica].

cclxxiiiDaniel Rivera Vargas. **Se dispara el delito en el País**. (2007). Guaynabo, Puerto Rico.: *El Nuevo Día*. [Versión electrónica].

cclxxivDaniel Rivera Vargas. **Aumentan los casos de seducción de menores**. (2009, febrero). *El Nuevo Día*. Guaynabo, Puerto Rico. Recuperado el 31 de diciembre de 2009, de http://www.elnuevodia.com/; Daniel Rivera Vargas. **Se dispara el delito en el País**. (2007). Guaynabo, Puerto Rico.: *El Nuevo Día*. [Versión electrónica]; José A. Sánchez Fournier & Miguel Díaz Román. **Incursión contra la pornografía**. (2008, 18 de septiembre). Guaynabo, Puerto Rico. *El Nuevo Día*. Recuperado el 31 de diciembre de 2008, de http://www.elnuevodia.com/.

cclxxvJoanisabel González, **Sin recursos para atacar fraude**. (2006, 3 de mayo). Guaynabo, Puerto Rico.: *El Nuevo Día*. Recuperado el 3 de mayo de 2006, de http://www.endi.com/. Léase, además: Cordero, G. (2005). **Alerta ante las prácticas fraudulentas**. Guaynabo, Puerto Rico.: *El Nuevo Día*. [Versión electrónica].

cclxxviEditorial de El Nuevo Día. **El fraude se paga caro**. (2009, diciembre). Guaynabo, Puerto Rico.: *El Nuevo Día*. Recuperado el 30 de diciembre de 2009, de http://www.elnuevodia.com/.

cclxxviiEudaldo Báez Galib **¿Somos un basurero?** (2008, 3 de septiembre). *El Vocero de Puerto Rico*. San Juan, Puerto Rico. [Versión electrónica].

cclxxviiiCarrasquillo, A. (2009, marzo). **Nuestra relación con la ley**. (2009, marzo). *El Nuevo Día*. Guaynabo, Puerto Rico. [Versión electrónica].

cclxxixSamuel González González. **Hay que tener voluntad**. (2007, 6 de marzo). Guaynabo, Puerto Rico.: *El Nuevo Día*. Recuperado el 30 de marzo de 2007, de http://www.endi.com/.

cclxxxRicardo Cortés Chico. **Financia la droga, pero no se quema**. (2009, febrero). *El Nuevo Día*. Guaynabo, Puerto Rico. [Versión electrónica].

cclxxxiRicardo Cortés Chico. **Financia la droga, pero no se quema**. (2009, febrero). *El Nuevo Día*. Guaynabo, Puerto Rico. [Versión electrónica].

cclxxxiiRicardo Cortés Chico. **Financia la droga, pero no se quema**. (2009, febrero). *El Nuevo Día*. Guaynabo, Puerto Rico. [Versión electrónica].

cclxxxiiiMaribel Hernández. **Policía resulta herido de bala en intervención en Carolina**. (2011). Guaynabo, Puerto Rico.: *Primera Hora*. [Versión electrónica]; Pablo A. Jiménez Rojas. **El país de los inocentes**. (2008, 29 de julio). *El Nuevo Día*. Guaynabo, Puerto Rico. Recuperado el 31 de diciembre de 2008, de http://www.elnuevodia.com/; José A. Sánchez Fournier. **Arrollado a propósito un uniformado**. (2007, 4 de diciembre). *El Nuevo Día*. Guaynabo, Puerto Rico. [Versión electrónica]; Andrea Martínez. **Detenido balea a agente tras arrebatarle su arma**. (2007, 26 de septiembre). *El Nuevo Día*. Guaynabo, Puerto Rico. Recuperado el 30 de septiembre de 2006, de http://www.adendi.com/; Exposición de Motivos de la **Ley de Puerto Rico Núm. 134**, de 25 de julio de 2000; Waldo Covas & Sandra Caquías. **Balacera mortal en un residencial**. (2006, 10 de mayo). *El Nuevo Día*. Guaynabo, Puerto Rico. Recuperado el 10 de mayo de 2006, de http://www.endi.com/.

[cclxxxiv]Javier Colón Dávila. **Histórico fin de semana con veintiocho asesinatos**. (2011). Guaynabo, Puerto Rico.: *El Nuevo Día*. [Versión electrónica].

[cclxxxv]Limarys Suárez Torres. **Asesinos sin reglas**. (2009, julio). Guaynabo, Puerto Rico.: El Nuevo Día. [Versión electrónica].

[cclxxxvi]Rodríguez, S. (2004, 22 de julio). **Urgen óptica científica ante el crimen**. Guaynabo, Puerto Rico.: *El Nuevo Día*. Recuperado el 22 de julio de 2004, de http://www.endi.com/.

[cclxxxvii]Mildred Rivera Marrero. **Apuntan al 2011 como un año de horror**. (2011). Guaynabo, Puerto Rico.: *El Nuevo Día*. [Versión electrónica].

[cclxxxviii]Eudaldo Báez Galib. **Esto se pone muy feo**. (2008, 11 de febrero). *El Vocero de Puerto Rico*. San Juan, Puerto Rico. [Versión electrónica].

[cclxxxix]Pablo A. Jiménez Rojas. **El país de los inocentes**. (2008, 29 de julio). *El Nuevo Día*. Guaynabo, Puerto Rico. Recuperado el 31 de diciembre de 2008, de http://www.elnuevodia.com/.

[ccxc]Pablo A. Jiménez. **Que se maten entre ellos**. (2011). Guaynabo, Puerto Rico.: *El Nuevo Día*. [Versión electrónica].

[ccxci]Ernesto Vázquez Quintana. (2006, 18 de agosto). **La narco-colonia**. Guaynabo, Puerto Rico.: *El Nuevo Día*. Recuperado el 18 de agosto de 2006, de http://www.endi.com/. Léase, además: Limarys Suárez Torres. **La corrupción en la Policía es sistemática según Fraticelli**. (2010, octubre). Guaynabo, Puerto Rico.: *El Nuevo Día*. [Versión electrónica]; Melissa Correa Velázquez. **Operativo federal contra policías corruptos**. (2010, octubre). San Juan, Puerto Rico.: *El Vocero de Puerto Rico*. [Versión electrónica]; Francisco Rodríguez-Burns. **Desarticulan organización criminal de Tutin Magnum en Corozal**. (2011). Guaynabo, Puerto Rico.: *Primera Hora*. [Versión electrónica]; Sara M. Justicia Doll. **Desconfianza hacia la Uniformada propició inspección de patrullas**. (2006, 8 de agosto). Guaynabo, Puerto Rico.: *Primera Hora*. Recuperado el 8 de agosto de 2006, de http://www.primerahora.com/; Miguel Rivera Puig. **Frustran 10 allanamientos**. (2006, 2 de junio). San Juan, Puerto Rico.: *El Vocero de Puerto Rico*. Recuperado el 2 de junio de 2006, de http://www.vocero.com/.

[ccxcii]Montero, M. (2011). **Luz**. Guaynabo, Puerto Rico.: *El Nuevo Día*. [Versión electrónica].
[ccxciii]Javier Colón Dávila. **2009: tercer año de más sangre en la historia**. (2009, diciembre). Guaynabo, Puerto Rico.: *El Nuevo Día*. Recuperado el 30 de diciembre de 2009, de http://www.elnuevodia.com/; **La criminalidad no se resuelve con mano dura**. (2011). Guaynabo, Puerto Rico.: *El Nuevo Día*. Recuperado el 30 de diciembre de 2011, de http://www.elnuevodia.com/.

[ccxciv]Pablo A. Jiménez. **Que se maten entre ellos**. (2011). Guaynabo, Puerto Rico.: *El Nuevo Día*. [Versión electrónica].

[ccxcv]Gazir Sued. **Criminalidad, prohibición y ley**. (2010, marzo). Guaynabo, Puerto Rico.: *El Nuevo Día*. Recuperado el 30 de diciembre de 2010, de http://www.elnuevodia.com/.

[ccxcvi]José A. Sánchez Fournier. **Donde la droga es ley**. (2008, 25 de mayo). *El Nuevo Día*. Guaynabo, Puerto Rico. [Versión electrónica].

[ccxcvii]**Puerto Rico está en franca decadencia**. (2011). Guaynabo, Puerto Rico.: *El Nuevo Día*. Recuperado el 30 de diciembre de 2011, de http://www.elnuevodia.com/.

[ccxcviii]**Díaz Colón no descarta intervención federal en caso de policía asesinado**. (2012). San Juan, Puerto Rico.: *El Vocero de Puerto Rico*. [Versión electrónica].

[ccxcix] Gazir Sued. **Criminalidad, prohibición y ley.** (2010, marzo). Guaynabo, Puerto Rico.: *El Nuevo Día*. Recuperado el 30 de diciembre de 2010, de http://www.elnuevodia.com/.

[ccc] Mayra Montero. (2011). **Francheska.** Guaynabo, Puerto Rico.: *El Nuevo Día*. Recuperado el 30 de diciembre de 2011, de http://www.elnuevodia.com/.

[ccci] Voto particular de conformidad emitido por el Juez Asociado Rebollo López, en: **Pueblo v. Miro Castañeda**, *2008 TSPR 011.*

[cccii] Héctor L. Pesquera Sevillano. (2010). **Los pollitos celebran.** San Juan, Puerto Rico.: *Red Betances*. http://www.redbetances.com/; Manuel Ernesto Rivera. (2011). **Policía investiga filtración de foto de decapitado.** San Juan, Puerto Rico.: *Noticel.* Información consultada el 29 de enero de 2012, de http://www.noticel.com/; **Evidencia en contra de Hilton Cordero.** (2012). San Juan, Puerto Rico.: *Noticel.* Información consultada el 29 de enero de 2012, de http://www.noticel.com/.

[ccciii] Limarys Suárez Torres. **'Los corruptos son peores que los narcos'.** (2009, noviembre). Guaynabo, Puerto Rico.: *El Nuevo Día*. [Versión electrónica].

[ccciv] Editorial de El Nuevo Día. **Reenfoque de la seguridad.** (2007, 10 de noviembre). Guaynabo, Puerto Rico.: *El Nuevo Día*. [Versión electrónica].

[cccv] **Bertolt Brecht.** (2011). Valencia, España.: *Proverbia*. Recuperado el 31 de octubre de 2011, de http://www.proverbia.net/.

[cccvi] Yanira Hernández Cabiya. **Retorna la presencia policial a Villa Cañona.** (2007, 9 de noviembre). Guaynabo, Puerto Rico.: *El Nuevo Día*. [Versión electrónica]; Sara M. Justicia Doll. **Habituados al crimen.** (2007, 15 de octubre). Guaynabo, Puerto Rico.: *Primera Hora.* [Versión electrónica].

[cccvii] Reyes, J. O. (2009, 16 de julio). **El verdadero bienestar social.** (2009, julio). Guaynabo, Puerto Rico.: *El Nuevo Día*. [Versión Electrónica].

[cccviii] Carrasquillo, A. (2009, marzo). **Nuestra relación con la ley.** (2009, marzo). *El Nuevo Día.* Guaynabo, Puerto Rico. [Versión electrónica].

[cccix] **No les importa lo que pueda pasar.** (2006, 22 de enero). Guaynabo, Puerto Rico.: *El Nuevo Día*. Recuperado el 22 de enero de 2006, de http://www.endi.com/.

[cccx] Bárbara J. Figueroa Rosa. **Verdades de la evasión contributiva.** (2006, 11 de abril). Guaynabo, Puerto Rico.: *Primera Hora*. Recuperado el 11 de abril de 2006, de http://www.primerahora.com/.

[cccxi] **No les importa lo que pueda pasar.** (2006, 22 de enero). Guaynabo, Puerto Rico.: *El Nuevo Día*. Recuperado el 22 de enero de 2006, de http://www.endi.com/.

[cccxii] Ricardo Roselló Nevares. (2011) **¿Desarrollo o decadencia?** San Juan, Puerto Rico.: *El Vocero de Puerto Rico*. [Versión electrónica].

[cccxiii] **Peor que las drogas ilegales, el alcohol.** (2006, 15 de julio). Guaynabo, Puerto Rico.: *El Nuevo Día*. Recuperado el 15 de julio de 2006, de http://www.endi.com/.

[cccxiv] José Arsenio Torres. **La corrupción como cultura.** (2006, 9 de diciembre). San Juan, Puerto Rico.: *El Vocero de Puerto Rico*. Recuperado el 30 de diciembre de 2006, de http://www.vocero.com/. Léase, además: **Culpables dos hermanos por defraudar la Ley de Quiebras.** (2012). Guaynabo, Puerto Rico.: *El Nuevo Día*. [Versión electrónica].

[cccxv] **Caso omiso a las restricciones de la Ley.** (2006, 22 de enero). Guaynabo, Puerto Rico.: *El Nuevo Día*. Recuperado el 22 de enero de 2006, de http://www.endi.com/.

www.ingramcontent.com/pod-product-compliance
Lightning Source LLC
Chambersburg PA
CBHW030921180526
45163CB00002B/418